초등 과학 1

글 장지영 | 그림 이정화, 조승연

웅진주니어

이 책의 특징

어휘를 알면 독해가 쉽다! 어휘력을 빵빵하게 키워 독해를 쉽게 할 수 있습니다.

글을 읽고도 무슨 뜻인지 모르는 이유가 무엇일까요? 글을 읽고 그 내용을 이해하는 능력인 독해력이 부족하기 때문입니다. 독해력은 문장을 읽고 이해하는 능력인 문해력과도 연결됩니다. 문해력을 기르려면 어휘력이 바탕이 되어야 합니다. 『어휘로 잡는 빵빵 독해』에서는 어휘의 의미와 쓰임을 다양한 상황으로 구성해 보여 줌으로써 아이들이 어휘를 쉽게 이해할 수 있게 하였습니다. 또한 이렇게 익힌 어휘를 짧은 문장으로 확인하는 문제를 통해 문해력을 키우고 긴 글까지 확장해 이해할 수 있도록 하였습니다.

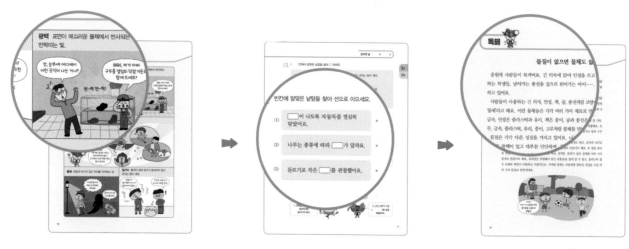

초등 교과와 연계한 독해 프로그램으로, 교과 지식을 넓힐 수 있습니다.

초등 과학 교과서에 나오는 주제로 구성된 다양한 지문을 통해 독해 능력을 키우고 교과 공부에 필요한 기초 지식도 키울 수 있도록 하였습니다. 또 '교과서 속 책 읽기'를 통해 초등 및 중등 국어 교과서에 나오는 지문을 미리 읽어 보는 경험을 할 수 있습니다.

주	일차	학습 주제	주	일차	학습 주제
1주 물질 1	1	물체를 이루는 물질	3주 운동과 에너지 1	1	자석의 성질
	2	물질의 상태		2	전기와 전류
	3	물의 상태 변화		3	전자석의 성질
	4	공기의 성질		4	소리의 성질
	5	물의 성질		5	빛의 성질
2주 물질 2	1	혼합물 분리	4주 운동과 에너지 2	1	열의 이동
	2	용해와 용액		2	무게
	3	산성과 염기성		3	물체의 운동과 속력
	4	여러 가지 기체		4	에너지의 형태
	5	연소와 소화		5	에너지 전환
교과서 속 책 읽기			교과서 속 책 읽기		

66 한 번에 끝내자! 오늘 학습은 오늘 끝내는 성취감을 느낄 수 있습니다.

어휘와 독해를 하루에 하나씩! 1주 6일, 4주 한 권 완성으로 학습 성취감을 높입니다. 부담 없이 학습할 수 있도록 쉽고 간결하게 구성하였으며, 날마다 학습한 날짜를 기록하면서 아이 스스로 꾸준히 학습할 수 있도록 하였습니다.

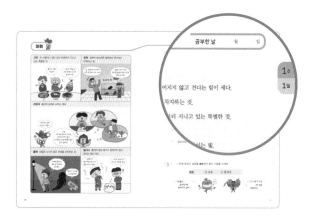
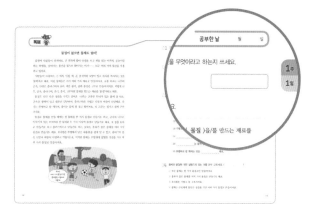

66 친근한 빵 친구들이 어휘와 독해 학습의 재미를 높여 줍니다.

또띠

똑소리 나는 토르티야. 아는 것이 많고 생각도 많다. 모르는 게 있으면 빨리 알아봐야 직성이 풀리는 성격. 그래서 머리에 항상 돋보기, 스마트폰 등을 넣고 다닌다.

빵이

푸근한 식빵. 웃음이 많다. 감정이 풍부하여 잘 웃고, 부끄러움을 잘 탄다. 새로운 사실을 알았을 때는 얼굴이 부풀었다 쭈그러들었다를 반복한다.

핫또야

장난꾸러기 핫도그. 심심한 걸 견디지 못해 케첩 같은 소스를 뿌려 대며 말썽을 일으키기도 하지만 악의는 없다.

롱이

수다쟁이 마카롱. 무조건 아는 척을 잘하며 모든 일을 참견하고 싶어 이곳저곳을 기웃거린다.

소라

수줍음이 많은 소라빵. 호기심도 많다. 무엇인가 골똘히 생각할 때는 커다란 모자에 몸을 숨기기도 하고, 놀라면 모자가 들썩이는 등 과한 리액션이 매력이다.

꽈리

투덜이 꽈배기. 무슨 일이든지 일단 투덜거리고 본다. 싫을수록 몸이 더 배배 꼬이고, 몸에 묻은 설탕을 털면서 온몸으로 거부한다.

어휘 독해를 하기 전에 독해 지문에 나오는 어휘의 뜻을 익힙니다.

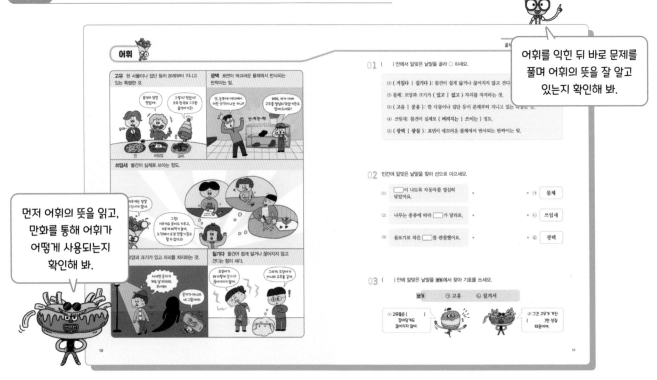

먼저 어휘의 뜻을 읽고, 만화를 통해 어휘가 어떻게 사용되는지 확인해 봐.

어휘를 익힌 뒤 바로 문제를 풀며 어휘의 뜻을 잘 알고 있는지 확인해 봐.

독해 초등 과학 교과서에 나오는 학습 주제를 담은 지문을 읽고 독해력을 기릅니다.

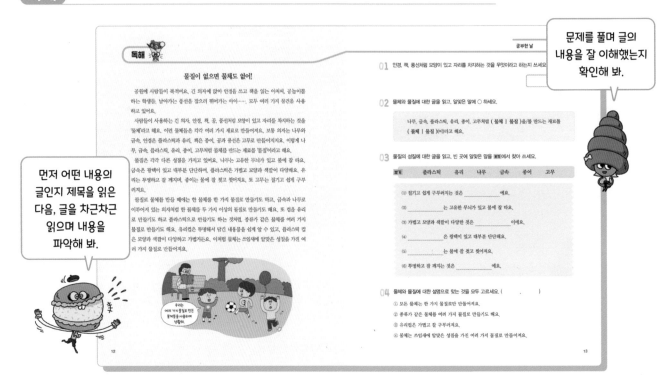

먼저 어떤 내용의 글인지 제목을 읽은 다음, 글을 차근차근 읽으며 내용을 파악해 봐.

문제를 풀며 글의 내용을 잘 이해했는지 확인해 봐.

복습 한 주 동안 배운 내용을 낱말 퍼즐, 사다리 타기, 미로 등의 다양한 활동을 통해 복습합니다.

전체 학습 분량 중
완료한 학습량 ─

학습한 어휘 수

학습한 지문 수

헷갈리거나 모르는 것이
있으면 앞으로 돌아가
내용을 확인한 뒤 문제를
풀어 봐.

왼쪽 면은 어휘를,
오른쪽 면은 독해 내용을
확인하는 활동으로
구성되어 있어.

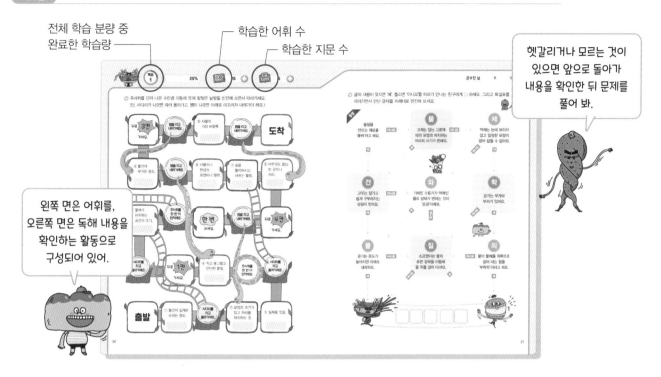

교과서 속 책 읽기 초등 및 중등 국어 교과서에 나오는 다양한 유형의 지문을 읽고 내용을 파악합니다.

학습 주제와 관련된
교과서에 나오는
지문을 읽으며
내용을 파악해 봐.

지문의 내용을 잘
파악했는지 간단한
문제를 풀며 확인해 봐.

해답 어휘, 독해, 복습, 교과서 속 책 읽기 문제의 해답을 확인합니다.

찾아보기 헷갈리거나 모르는 어휘를 찾아봅니다.

차례

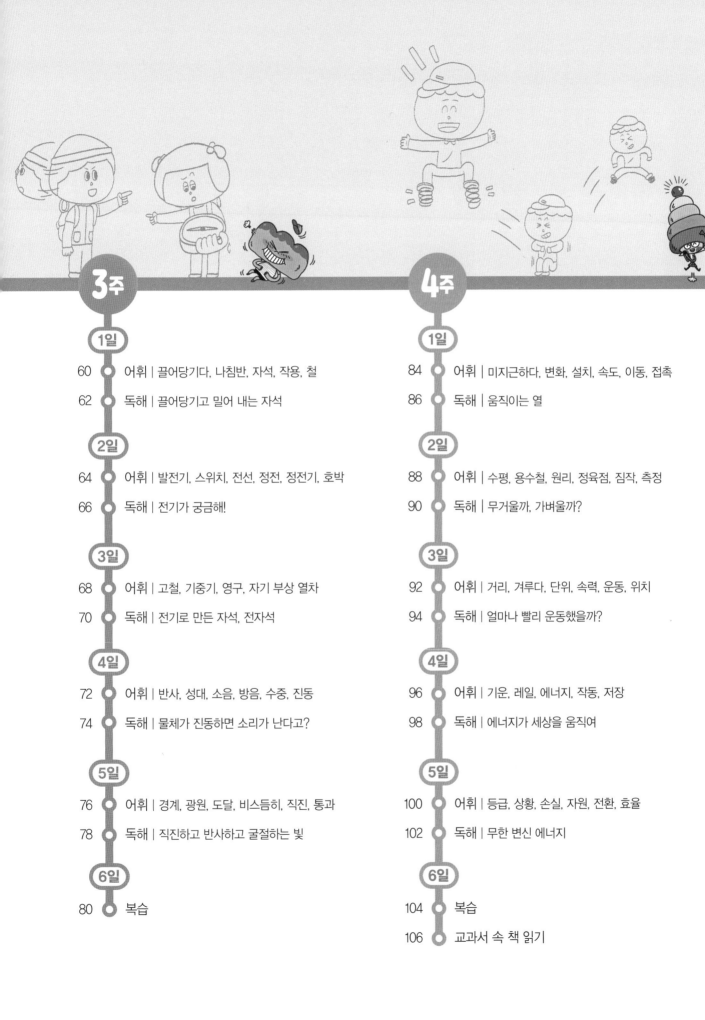

1주 물질 1

1일

어휘 | 고유, 광택, 쓰임새, 물체, 질기다
독해 | 물질이 없으면 물체도 없어!

2일

어휘 | 기체, 상태, 알갱이, 액체, 일정, 존재
독해 | 물질의 세 가지 상태

3일

어휘 | 가열, 기포, 무게, 온도, 부피
독해 | 물의 상태가 달라진다고?

5일

어휘 | 맺히다, 생명체, 부레, 팽팽하다, 표면
독해 | 물의 힘은 대단해!

4일

어휘 | 공간, 열기구, 튕기다, 윗접시 저울, 호흡
독해 | 우리를 둘러싸고 있는 공기

6일

복습

고유 한 사물이나 집단 등이 본래부터 지니고 있는 특별한 것.

광택 표면이 매끄러운 물체에서 반사되는 반짝이는 빛.

쓰임새 물건이 실제로 쓰이는 정도.

물체 모양과 크기가 있고 자리를 차지하는 것.

질기다 물건이 쉽게 닳거나 끊어지지 않고 견디는 힘이 세다.

01 (   ) 안에서 알맞은 낱말을 골라 ○ 하세요.

⑴ (거칠다 | 질기다): 물건이 쉽게 닳거나 끊어지지 않고 견디는 힘이 세다.

⑵ 물체: 모양과 크기가 (있고 | 없고) 자리를 차지하는 것.

⑶ (고유 | 공유): 한 사물이나 집단 등이 본래부터 지니고 있는 특별한 것.

⑷ 쓰임새: 물건이 실제로 (버려지는 | 쓰이는) 정도.

⑸ (광택 | 광물): 표면이 매끄러운 물체에서 반사되는 반짝이는 빛.

02 빈칸에 알맞은 낱말을 찾아 선으로 이으세요.

⑴ ☐이 나도록 자동차를 열심히 닦았어요.   •

⑵ 나무는 종류에 따라 ☐가 달라요.   •

⑶ 돋보기로 작은 ☐를 관찰했어요.   •

•   ㉠ 물체

•   ㉡ 쓰임새

•   ㉢ 광택

03 (   ) 안에 알맞은 낱말을 보기 에서 찾아 기호를 쓰세요.

보기   ㉠ 고유   ㉡ 질겨서

(1) 고무줄은 (   ) 잡아당겨도 끊어지지 않아.

(2) 그건 고무가 가진 (   )한 성질 때문이야.

물질이 없으면 물체도 없어!

공원에 사람들이 북적여요. 긴 의자에 앉아 안경을 쓰고 책을 읽는 아저씨, 공놀이를 하는 학생들, 날아가는 풍선을 잡으러 뛰어가는 아이……. 모두 여러 가지 물건을 사용하고 있어요.

사람들이 사용하는 긴 의자, 안경, 책, 공, 풍선처럼 모양이 있고 자리를 차지하는 것을 '물체'라고 해요. 이런 물체들은 각각 여러 가지 재료로 만들어져요. 보통 의자는 나무와 금속, 안경은 플라스틱과 유리, 책은 종이, 공과 풍선은 고무로 만들어지지요. 이렇게 나무, 금속, 플라스틱, 유리, 종이, 고무처럼 물체를 만드는 재료를 '물질'이라고 해요.

물질은 각각 다른 성질을 가지고 있어요. 나무는 고유한 무늬가 있고 불에 잘 타요. 금속은 광택이 있고 대부분 단단하며, 플라스틱은 가볍고 모양과 색깔이 다양해요. 유리는 투명하고 잘 깨지며, 종이는 물에 잘 젖고 찢어져요. 또 고무는 질기고 쉽게 구부러져요.

물질로 물체를 만들 때에는 한 물체를 한 가지 물질로 만들기도 하고, 금속과 나무로 이루어져 있는 의자처럼 한 물체를 두 가지 이상의 물질로 만들기도 해요. 또 컵을 유리로 만들기도 하고 플라스틱으로 만들기도 하는 것처럼, 종류가 같은 물체를 여러 가지 물질로 만들기도 해요. 유리컵은 투명해서 담긴 내용물을 쉽게 알 수 있고, 플라스틱 컵은 모양과 색깔이 다양하고 가볍거든요. 이처럼 물체는 쓰임새에 알맞은 성질을 가진 여러 가지 물질로 만들어져요.

우리는 여러 가지 물질로 만든 물체들을 사용하며 생활해.

01 안경, 책, 풍선처럼 모양이 있고 자리를 차지하는 것을 무엇이라고 하는지 쓰세요.

02 물체와 물질에 대한 글을 읽고, 알맞은 말에 ○ 하세요.

나무, 금속, 플라스틱, 유리, 종이, 고무처럼 (물체 | 물질)을/를 만드는 재료를 (물체 | 물질)(이)라고 해요.

03 물질의 성질에 대한 글을 읽고, 빈 곳에 알맞은 말을 보기 에서 찾아 쓰세요.

보기　　　플라스틱　　　유리　　　나무　　　금속　　　종이　　　고무

(1) 질기고 쉽게 구부러지는 것은 ＿＿＿＿＿＿＿＿ 예요.

(2) ＿＿＿＿＿＿＿＿ 는 고유한 무늬가 있고 불에 잘 타요.

(3) 가볍고 모양과 색깔이 다양한 것은 ＿＿＿＿＿＿＿＿ 이에요.

(4) ＿＿＿＿＿＿＿＿ 은 광택이 있고 대부분 단단해요.

(5) ＿＿＿＿＿＿＿＿ 는 물에 잘 젖고 찢어져요.

(6) 투명하고 잘 깨지는 것은 ＿＿＿＿＿＿＿＿ 예요.

04 물체와 물질에 대한 설명으로 맞는 것을 모두 고르세요. (　　　,　　　)

① 모든 물체는 한 가지 물질로만 만들어져요.

② 종류가 같은 물체를 여러 가지 물질로 만들기도 해요.

③ 유리컵은 가볍고 잘 구부러져요.

④ 물체는 쓰임새에 알맞은 성질을 가진 여러 가지 물질로 만들어져요.

어휘

기체 담는 그릇에 따라 모양과 크기가 변하고, 담긴 그릇을 가득 채우는 물질의 상태.

상태 사물이나 현상의 모양이나 형편.

알갱이 작고 동그랗고 단단한 물질.

액체 담는 그릇에 따라 모양이 변하고 크기는 변하지 않는 물질의 상태.

일정 어떤 것의 크기, 모양, 시간 등이 하나로 정해져 있음.

존재 실제로 있음.

01 낱말에 대한 설명이 맞으면 ○, 틀리면 × 하세요.

(1) '존재'는 실제로 있지 않은 것을 말해요. ( )

(2) '알갱이'는 작고 동그랗고 단단한 물질을 말해요. ( )

(3) '일정'은 어떤 것의 크기, 모양, 시간 등이 하나로 정해져 있는 것을 말해요. ( )

(4) '액체'는 담는 그릇에 따라 모양과 크기가 모두 변하는 물질의 상태를 말해요. ( )

(5) '상태'는 사물이나 현상의 모양이나 형편을 말해요. ( )

(6) '기체'는 담는 그릇에 따라 모양과 크기가 변하고, 담긴 그릇을 가득 채우는 물질의 상태를 말해요. ( )

02 밑줄 친 낱말이 바르게 쓰인 것을 모두 찾아 ✔ 하세요.

(1) 눈이 많이 와서 도로 **상태**가 좋지 않아요. ☐

(2) 지구 곳곳에는 우리가 알지 못하는 수많은 식물이 **존재**해요. ☐

(3) 산에서 커다란 바위 **알갱이**가 굴러떨어져 집이 무너졌어요. ☐

(4) 거리 양쪽에 나무들이 **일정**한 간격으로 서 있어요. ☐

03 ☐☐ 안에서 알맞은 낱말을 골라 ○ 하세요.

(1) 병에 담긴 [**액체** | **기체**] 가 새서 책이 몽땅 젖었어요.

(2) 풍선 안에는 [**액체** | **기체**] 상태인 공기가 담겨 있어요.

물질의 세 가지 상태

세상의 물질들은 대부분 고체, 액체, 기체의 세 가지 상태로 존재해요.

우리 주변에 있는 돌멩이는 눈으로 보고 만질 수 있어요. 돌멩이를 병이나 컵 같은 여러 가지 모양의 그릇에 담아도 돌멩이는 모양과 크기가 변하지 않지요. 이렇게 일정한 모양이 있어서 눈으로 보고 만질 수 있으며, 담는 그릇이 바뀌어도 모양과 차지하는 자리의 크기가 변하지 않는 물질의 상태를 '고체'라고 해요. 그러면 모래는 담는 그릇에 따라 모양이 변하니까 고체가 아닐까요? 그릇에 담긴 모래는 작은 모래 알갱이들이 모여 있는 거예요. 담는 그릇이 바뀌어도 각 알갱이의 모양과 알갱이가 차지하는 자리의 크기는 변하지 않지요. 변하는 것은 알갱이가 모여 있는 모양이에요. 따라서 모래는 고체가 맞아요.

손에 물을 담으면 물은 손가락 사이로 금세 흘러내려요. 물은 병에 담으면 병 모양으로 변하고, 컵에 담으면 컵 모양으로 변하지요. 이렇게 눈에 보이지만 일정한 모양이 없어 잡을 수 없는 물질의 상태를 '액체'라고 해요. 액체는 담는 그릇에 따라 모양은 변하지만 액체가 차지하는 자리의 크기는 변하지 않아요.

우리를 둘러싸고 있는 공기는 눈에 보이지 않고 만질 수도 없어요. 공기처럼 눈에 보이지 않고 일정한 모양도 없어 잡을 수도 없는 물질의 상태를 '기체'라고 해요. 공기는 동그란 풍선에 넣으면 동그란 모양이 되고, 긴 풍선에 넣으면 긴 모양이 되는데, 이렇게 기체는 담는 그릇에 따라 모양이 변해요. 또 담는 그릇의 크기에 따라 기체가 차지하는 자리의 크기도 변한답니다.

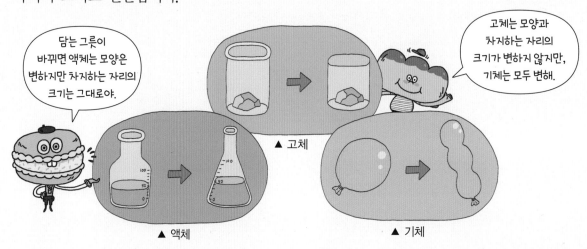

담는 그릇이 바뀌면 액체는 모양은 변하지만 차지하는 자리의 크기는 그대로야.

고체는 모양과 차지하는 자리의 크기가 변하지 않지만, 기체는 모두 변해.

▲ 고체

▲ 액체

▲ 기체

01 물질의 세 가지 상태가 무엇인지 쓰세요.

,   .

02 각 물질의 상태에 대한 설명을 찾아 선으로 이으세요.

(1) **고체** •

(2) **액체** •

(3) **기체** •

• ㉠ 눈에 보이지만 일정한 모양이 없어 잡을 수 없어요.

• ㉡ 눈에 보이지 않고 일정한 모양도 없어 잡을 수 없어요.

• ㉢ 일정한 모양이 있어서 눈으로 보고 만질 수 있어요.

03 고체, 액체, 기체에 대한 글을 읽고, 알맞은 말에 ○ 하세요.

(1) 고체는 담는 그릇에 따라 모양과 차지하는 자리의 크기가 (변해요 | 변하지 않아요).

(2) 액체는 담는 그릇에 따라 모양이 (변하고 | 변하지 않고) 차지하는 자리의 크기가
    (변해요 | 변하지 않아요).

(3) 기체는 담는 그릇에 따라 모양과 차지하는 자리의 크기가 (변해요 | 변하지 않아요).

04 물질의 상태에 대해 바르게 말한 친구를 모두 찾아 ○ 하세요.

물질은 대부분 고체, 액체, 기체 상태로 존재해.

모래는 담는 그릇에 따라 모양이 변하니까 고체가 아니라고!

눈에 보이지도 않고 만질 수도 없는 공기는 기체야.

소라

꽈리

또띠

가열 어떤 물질에 뜨거운 열을 가함.

기포 액체나 고체 속에 기체가 들어가 속이 빈 작은 방울 모양을 이룬 것.

무게 물건의 무거운 정도.

온도 따뜻하고 차가운 정도.

부피 물체가 차지하는 공간의 크기.

01 낱말과 그 뜻이 바르게 짝 지어진 것을 모두 찾아 ✔ 하세요.

(1) **온도** ⌒ 따뜻하고 차가운 정도. ☐

(2) **무게** ⌒ 물건의 귀한 정도. ☐

(3) **부피** ⌒ 물체가 차지하는 공간의 높이. ☐

(4) **기포** ⌒ 액체나 고체 속에 기체가 들어가 속이 빈 작은 방울 모양을 이룬 것. ☐

(5) **가열** ⌒ 어떤 물질에 뜨거운 열을 가함. ☐

02 빈칸에 알맞은 글자를 모두 찾아 ○ 하세요.

(1) 컵에 탄산음료를 따랐더니 ☐☐가 뽀글뽀글 올라와요. ➡ | 기 | 육 | 지 | 포 |

(2) 병에 걸리지 않으려면 ☐☐한 음식을 먹는 것이 좋아요. ➡ | 분 | 가 | 열 | 수 |

03 빈 곳에 알맞은 낱말을 보기 에서 찾아 쓰세요.

| 보기 | 온도 | 무게 | 부피 |

(1) 가방의 _____ 가 너무 무거워 혼자 들 수가 없어요.

(2) 바깥 _____ 가 너무 낮아 하루 종일 오들오들 떨었어요.

(3) 옷의 _____ 가 너무 커서 상자에 들어가지 않아요.

물의 상태가 달라진다고?

물을 얼려 본 적이 있나요? 물은 온도가 낮아지면 고체인 얼음이 되어요. 얼음은 온도가 높아지면 액체인 물이 되지요. 물은 온도가 높아지면 기체인 수증기가 되어 공기 중으로 날아가요. 이렇게 물은 고체, 액체, 기체의 세 가지 상태로 변할 수 있어요. 그렇다면 액체인 물이 고체인 얼음이나 기체인 수증기로 변할 때에는 상태가 어떻게 달라질까요?

물이 얼음이 될 때에는 무게는 변하지 않지만 부피는 늘어나요. 물을 병 입구까지 가득 채우고 얼렸을 때 얼음이 병 입구 위로 볼록하게 올라오는 것은 이 때문이지요. 반대로 얼음이 물이 될 때에는 무게는 변하지 않지만 부피는 줄어들어요.

물을 가열하면 수증기로 변해요. 물이 끓을 때 물속에서 보글거리는 기포도 물이 수증기로 변한 것이에요. 물이 끓으면 주전자 주둥이로 하얀 김이 나오는데, 이것은 물이 수증기로 변해 날아가다가 공기 중에서 식으면서 변한 작은 물방울로, 액체예요. 수증기는 주전자 주둥이와 김 사이 아무것도 보이지 않는 곳에 있지요.

물은 비에 젖은 도로나 젖은 빨래가 마르는 것처럼 가열하지 않아도 수증기로 변해요. 이렇게 액체인 물이 표면에서 기체인 수증기로 상태가 변하는 현상을 '증발'이라고 해요.

주전자 주둥이로 나온 수증기가 김으로 변한 것처럼 기체인 수증기가 액체인 물로 상태가 변하기도 하는데, 이것을 '응결'이라고 해요. 목욕을 하면 욕실 거울과 벽에 물방울이 맺히는 것, 추운 날 유리창 안쪽이 뿌옇게 되는 것도 응결 때문이랍니다.

> 주전자 주둥이와 김 사이, 화살표로 표시된 부분에 기체인 수증기가 있어.

▲ 물이 끓는 주전자

01 물의 상태 변화에 대한 글을 읽고, 빈 곳에 알맞은 말을 쓰세요.

> 물은 온도가 낮아지면 고체인 _____이 되었다가 온도가 높아지면 액체인
>
> _____이 되어요. 또 물은 온도가 높아지면 기체인 _____가 되어
>
> 공기 중으로 날아가요.

02 물의 상태 변화에 대한 설명으로 맞는 것을 모두 고르세요. (　　　,　　　)

① 물이 얼음이 될 때에는 부피가 늘어나요.

② 얼음이 물이 될 때에는 무게와 부피 모두 변하지 않아요.

③ 물이 끓을 때 물속에 생기는 기포는 물이 수증기로 변한 것이에요.

④ 물이 끓을 때 생기는 하얀 김은 수증기예요.

03 액체인 물이 표면에서 기체인 수증기로 상태가 변하는 현상을 무엇이라고 하는지 쓰세요.

04 증발 때문에 일어나는 현상에는 '증', 응결 때문에 일어나는 현상에는 '응'이라고 쓰세요.

> (1) 젖은 빨래가 마르는 것
>
> (2) 추운 날 유리창 안쪽이 뿌옇게 되는 것
>
> (3) 비에 젖은 도로가 마르는 것
>
> (4) 목욕을 하면 욕실 거울과 벽에 물방울이 맺히는 것

공간 아무것도 없는 빈 곳이나 자리.

열기구 큰 주머니 속의 공기에 열을 가해 부피를 커지게 하여 떠오르게 만든 기구.

팅기다 다른 물체에 부딪치거나 힘을 받아서 튀어 나오다.

윗접시 저울 물체를 올려놓을 수 있는 접시가 두 개 있는 저울.

호흡 숨을 들이마시고 내쉬는 활동.

01 뜻에 알맞은 낱말을 찾아 선으로 이으세요.

(1)   물체를 올려놓을 수 있는 접시가   •   • ㉠ 호흡
      두 개 있는 저울.

(2)   아무것도 없는 빈 곳이나 자리.   •   • ㉡ 윗접시 저울

(3)   숨을 들이마시고 내쉬는 활동.   •   • ㉢ 공간

02 낱말에 대한 설명이 맞으면 ○, 틀리면 ✕ 하세요.

(1) '튕기다'는 다른 물체에 부딪치거나 힘을 받아서 튀어 나오는 것을 말해요. (   )

(2) '열기구'는 큰 주머니 속의 공기에 열을 가해 속도를 빠르게 하여 달리게
    만든 기구를 말해요.   (   )

03 ⬜⬜ 안에서 알맞은 낱말을 골라 ○ 하세요.

(1) 상대편 선수가 찬 공이 골대를 맞고   쏟아져   튕겨   나왔어요.

(2) 윗접시 저울   체중계   로 돌멩이의 무게를 비교했어요.

(3) 숲속에서 신선한 공기를   하품   호흡   했어요.

(4) 열기구   기차   를 타고 하늘을 날며 전 세계를 여행했어요.

(5) 창문과 소파 사이   허공   공간   에 큰 화분을 놓았어요.

우리를 둘러싸고 있는 공기

우리가 사는 지구는 공기에 둘러싸여 있어요. 사람과 동물, 식물 모두가 공기를 이용해 호흡을 하지요. 하지만 공기는 눈에 보이지 않고 만질 수도 없고 색과 냄새도 없어요. 그래서 바람에 깃발이 나부끼거나 나뭇잎이 날아가는 것 등을 보고 공기가 있다는 것을 알 수 있지요. 공기가 한곳에 머물러 있지 않고 이동한다는 것도요. 공기가 움직이는 것이 바람이거든요.

공기는 우리 주변 어디에나 있기 때문에 비닐봉지 입구를 벌렸다가 꼭 잡으면 공기를 담을 수 있어요. 비닐봉지에 공기를 담으면 비닐봉지가 불룩해지는데, 이것은 공기가 부피가 있어서 공간을 차지하기 때문이지요. 우리 생활에서 공기를 담아 쓰는 물건으로는 공, 튜브 등이 있어요. 공은 안에 공기가 없으면 튕기지 않아요. 공 안에 있는 공기가 공에 부딪치는 물체를 밀어 내며 튕기는 것이지요. 또 튜브는 공기가 물보다 가벼운 성질을 이용해 물에 떠요.

공기는 무게도 있어요. 윗접시 저울의 접시 양쪽에 공기가 빠진 풍선과 공기가 가득 든 풍선을 각각 올려놓고 무게를 비교하면, 공기가 가득 든 풍선을 올려놓은 접시 쪽이 무거워서 아래로 내려가요. 그런데도 우리가 공기의 무게를 느끼지 못하는 것은 공기가 늘 우리 주변에 흩어져 있기 때문이에요.

▲ 하늘로 날아오르는 열기구

공기는 온도가 높아지면 가벼워져 위로 올라가는 성질이 있는데, 이 성질을 이용한 것이 열기구예요. 열기구에 불을 켜면 커다란 주머니 속 공기가 뜨거워져 가벼워지면서 열기구가 하늘로 떠오르지요. 열기구를 내려오게 하고 싶다고요? 불을 꺼서 주머니 속 공기를 식히면 된답니다.

뜨거워진 공기가 위로 올라가면서 열기구가 하늘로 떠오르는 거라고!

01 공기의 특징에 대한 설명으로 <u>틀린</u> 것을 모두 고르세요. (,   )

① 우리가 사는 지구를 둘러싸고 있어요.

② 눈에 보이지 않지만 만질 수는 있어요.

③ 색과 냄새가 없어요.

④ 계속 한곳에 머물러 있어요.

02 공기에 대한 글을 읽고, 알맞은 말에 ○ 하세요.

> (1) 공기는 (부피 | 무게)가 있어서 비닐봉지에 공기를 담으면 비닐봉지가 불룩해져요.
>
> (2) 공은 공 안에 있는 공기가 공에 부딪치는 물체를 (밀어 내며 | 끌어당기며) 튕기고,
> 튜브는 공기가 물보다 (가벼워서 | 무거워서) 물에 떠요.

03 공기가 가득 든 풍선과 공기가 빠진
풍선의 무게를 비교하려고 해요.
㉠과 ㉡ 중 윗접시 저울의 접시가
아래로 내려가는 쪽의 기호를 쓰세요.

(   )

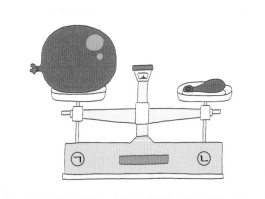

04 열기구에 대해 바르게 말한 친구를 모두 찾아 ○ 하세요.

열기구는 온도가
높아지면 공기가 가벼워지는
성질을 이용한 거야.
또띠

열기구에 불을 켜면 주머니
속 공기가 무거워지면서
열기구가 하늘로 떠올라.
핫또야

커다란 주머니 속
공기가 식으면 열기구가
아래로 내려와.
롱이

맺히다 액체가 작은 방울을 지어 매달리다.

생명체 생명이 있는 물체.

부레 물고기 몸속에 있는 공기 주머니로, 물에 뜨고 가라앉는 것을 조절함.

팽팽하다 물체가 늘어지지 않고 힘 있게 펴져 있다.

표면 사물의 가장 바깥쪽. 또는 가장 윗부분.

01 뜻에 알맞은 낱말이 되도록 보기 에서 글자를 모두 찾아 빈칸에 쓰세요.

| 보기 | 표 | 부 | 생 | 명 | 면 | 레 | 체 |

(1) 사물의 가장 바깥쪽. 또는 가장 윗부분. ·················· ☐ ☐

(2) 물고기 몸속에 있는 공기 주머니로, 물에 뜨고 가라앉는 것을 조절함. ··· ☐ ☐

(3) 생명이 있는 물체. ··························· ☐ ☐ ☐

02 (   ) 안에서 알맞은 낱말을 골라 ○ 하세요.

맺히다

(고체 | 액체)가 작은 방울을
지어 매달리다.

팽팽하다

물체가 늘어지지 않고 힘 있게
(펴져 | 구부러져) 있다.

03 (   ) 안에 알맞은 낱말을 보기 에서 찾아 기호를 쓰세요.

보기

㉠ 부레

㉡ 표면

㉢ 생명체

㉣ 맺힌

㉤ 팽팽하게

(1) 고무줄을 (   ) 당겨서 자루 입구를 묶었어요.

(2) 상어는 (   )가 없어서 계속 헤엄치지 않으면 물 아래로
가라앉아요.

(3) 머나먼 별에 (   )가 정말 살고 있을까요?

(4) 책상 (   )이 깨끗해질 때까지 계속 닦았어요.

(5) 나뭇잎에 (   ) 물방울이 햇빛에 반짝여요.

물의 힘은 대단해!

우리는 날마다 물을 마셔요. 물이 없으면 지구의 모든 생명체는 살 수 없어요. 그뿐인 가요? 물은 소금쟁이가 물 위를 돌아다니고 연못에서 물고기들이 오르락내리락 헤엄치게 해요. 또 빗방울이 거미줄과 유리창에 동그랗게 맺히게도 하는 등 여러 가지 힘을 가지고 있어요.

소금쟁이는 물의 표면 장력과 다리의 빼곡한 털 덕분에 물 위를 걸어 다닐 수 있어.

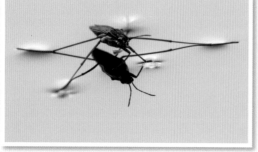

▲ 물 위에 떠 있는 소금쟁이

액체를 이루는 알갱이들 사이에는 서로 잡아당기는 힘이 작용해요. 하지만 액체 표면에서는 옆과 아래로만 잡아당기는데, 이 힘을 '표면 장력'이라고 해요. 물을 이루는 알갱이들이 서로 팽팽하게 잡아당기며 물 표면을 얇은 막처럼 만들지요. 이러한 물의 표면 장력 때문에 소금쟁이는 물속에 빠지지 않고 물 위를 걸어 다닐 수 있어요. 또 물은 표면 장력이 커서 동그란 모양이 되려고 하기 때문에 빗방울이나 거미줄 등에 맺힌 물방울도 동그란 모양이지요.

물고기들이 물속을 오르락내리락할 수 있는 것은 물의 부력 때문이에요. '부력'은 물이 물체를 위쪽으로 밀어 내는 힘이에요. 물고기 몸에는 풍선처럼 생긴 부레가 있는데, 이 부레에 공기를 채워 부력을 크게 하면 물 위로 올라가고 공기를 빼서 부력을 작게 하면 물 아래로 내려가요.

물은 서로 다른 물질을 이루는 알갱이끼리 끌어당기는 힘인 '부착력'도 가지고 있어요. 그래서 유리 같은 물질에 착 달라붙어요. 비가 온 뒤 유리창에 물방울이 맺히는 것은 이 부착력 때문이에요.

물의 힘은 정말 대단하지요? 물은 생명을 유지하고 여러 가지 자연 현상을 만들어 내는 소중한 물질이에요.

01 표면 장력에 대한 설명으로 맞는 것을 모두 고르세요. (,   )

① 액체를 이루는 알갱이들이 액체 표면에서 옆과 아래로 잡아당기는 힘을 말해요.

② 물은 표면 장력이 작은 액체예요.

③ 물은 큰 표면 장력 때문에 길쭉한 모양이 되려고 해요.

④ 소금쟁이는 물의 표면 장력 때문에 물 위를 걸어 다닐 수 있어요.

02 빈칸에 공통으로 들어갈 알맞은 말에 ○ 하세요.

□은 물이 물체를 위쪽으로 밀어 내는 힘이야.

물고기는 □을 이용해 물속을 오르락내리락할 수 있어.

중력   부착력

표면 장력   부력

03 물의 부착력에 대한 글을 읽고, 알맞은 말에 ○ 하세요.

물은 서로 다른 물질을 이루는 알갱이끼리 (끌어당기는 | 밀어 내는) 힘인 부착력을 가지고 있어요. 비가 온 뒤 유리창에 물방울이 맺히는 것은 이 부착력 때문이에요.

04 물에 대한 설명이 맞으면 ○, 틀리면 ✕ 하세요.

(1) 물은 지구에 사는 모든 생명체에게 꼭 필요해요.   (   )

(2) 물은 유리 같은 물질에는 달라붙지 않아요.   (   )

(3) 물고기가 부레에 공기를 빼면 부력이 커져서 물 위로 올라가요.   (   )

주사위를 던져 나온 수만큼 이동해 뜻에 알맞은 낱말을 빈칸에 쓰면서 따라가세요.
(단, 사다리가 나오면 따라 올라가고, 뱀이 나오면 아래로 미끄러져 내려가야 해요.)

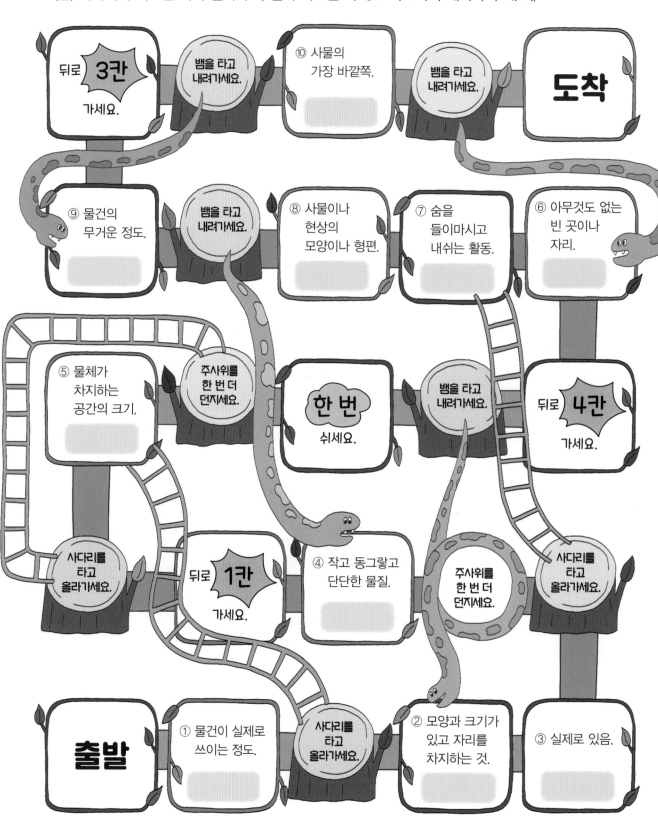

글의 내용이 맞으면 '예', 틀리면 '아니요'를 따라가 만나는 친구에게 ○ 하세요. 그리고 화살표를 따라가면서 만난 글자를 차례대로 빈칸에 쓰세요.

시작

물질을 만드는 재료를 '물체'라고 해요.

물
고체는 담는 그릇에 따라 모양과 차지하는 자리의 크기가 변해요.

체
액체는 눈에 보이지 않고 일정한 모양이 없어 잡을 수 없어요.

건
고무는 질기고 쉽게 구부러지는 성질이 있어요.

와
기체인 수증기가 액체인 물로 상태가 변하는 것이 '응결'이에요.

학
공기는 무게와 부피가 있어요.

물
공기는 온도가 높아지면 아래로 내려와요.

질
소금쟁이는 물의 표면 장력을 이용해 물 위를 걸어 다녀요.

의
물이 물체를 위쪽으로 밀어 내는 힘을 '부착력'이라고 해요.

2주 물질 2

1일

어휘 | 눈, 분리, 유출, 차이, 체, 흡착포
독해 | 혼합물을 분리해 볼까?

2일

어휘 | 거르다, 부유물, 질소, 포화, 한정
독해 | 녹고 녹이고 골고루 섞여!

3일

어휘 | 기름기, 단백질, 대리석, 비린내, 탄산
독해 | 우리는 서로 달라, 산성과 염기성

5일

어휘 | 관찰, 끼었다, 돋보기, 분사, 이상, 차단
독해 | 불에 타려면? 불을 끄려면?

4일

어휘 | 드라이아이스, 압력, 압축, 연료, 오염, 장치
독해 | 눈에 보이지 않지만 꼭 필요한 기체들

6일

복습
교과서 속 책 읽기

눈 그물의 줄 사이에 있는 구멍.

그물에 물고기가 한 마리도 안 잡혔네.

그물의 눈이 이렇게 큰데 어떻게 물고기가 잡히니?

분리 서로 나뉘어 떨어짐. 또는 그렇게 되게 함.

너 시금치 싫어하는구나.

아니야, 난 그냥 김밥에서 시금치를 분리하는 것뿐이라고!

음식을 골고루 안 먹는 거네.

크크!

유출 밖으로 흘러 나가거나 흘려 내보냄.

이 강에 나쁜 물질이 유출되었대. 얼른 다른 강으로 이사 가자!

엄마, 우리 어디 가는 거야?

차이 서로 같지 않고 다름.

느려도 너무 느려!

성격 차이야. 쟤는 만날 빨리빨리야.

너희는 왜 그렇게 자주 싸우는 거야?

체 주로 가루를 곱게 만드는 데 쓰는 도구.

꽃을 심으려면 흙에서 돌멩이를 골라내야 하는데…….

이렇게 흙을 체로 치면 돌멩이는 위에 남고 흙만 아래로 떨어져.

흡착포 주로 기름을 빨아들이는 데 사용하는 천.

앗, 이게 뭐야!

미끌미끌 기름이네, 기름!

걱정 마. 이 흡착포로 기름을 빨아들여 깔끔하게 닦을 수 있어.

01 뜻에 알맞은 낱말이 되도록 글자를 모두 찾아 ○ 하세요.

(1) 서로 같지 않고 다름.　　　　　　　　등　차　별　이

(2) 주로 가루를 곱게 만드는 데 쓰는 도구.　　　틀　체　물　그

(3) 그물의 줄 사이에 있는 구멍.　　　　　　　금　자　틀　눈

(4) 주로 기름을 빨아들이는 데 사용하는 천.　　흡　종　착　포

(5) 서로 나뉘어 떨어짐. 또는 그렇게 되게 함.　별　분　리　그

(6) 밖으로 흘러 나가거나 흘려 내보냄.　　　　유　발　출　수

02 밑줄 친 낱말이 바르게 쓰인 것을 모두 찾아 ✔ 하세요.

(1) **체**로 물을 퍼서 항아리에 담았어요.

(2) 그물의 **눈**이 너무 작아서 구멍이 잘 안 보여요.

(3) 우리 선생님은 학생들을 성적에 따라 **차이**를 하지 않으세요.

(4) 환경을 위해 쓰레기는 반드시 **분리**해서 버려야 해요.

03 (　　) 안에서 알맞은 낱말을 골라 ○ 하세요.

(1) 배에서 기름이 새서 바다로 (유출 | 흡수)되었어요.

(2) (흡착포 | 부직포)를 이용해 바다에 떠 있는 기름을 제거했어요.

혼합물을 분리해 볼까?

여름철에 즐겨 먹는 팥빙수는 곱게 간 얼음에 팥과 과일 등을 넣어 만들어요. 한데 섞어 먹으면 얼음의 시원함과 팥의 달콤함, 과일의 새콤함을 모두 느낄 수 있지요. 팥빙수처럼 두 가지 이상의 물질이 성질이 변하지 않은 채로 서로 섞여 있는 것을 '혼합물'이라고 해요.

우리 주변의 물질들은 대부분 혼합물이에요. 그래서 여러 가지 방법으로 혼합물을 분리해 원하는 물질을 얻거나 생활에 이용하기도 해요.

혼합물을 분리할 때는 각 물질의 성질을 이용해요. 알갱이의 크기가 다른 물질이 섞여 있을 때는 알갱이의 크기 차이를 이용해 분리해요. 만약 큰 콩과 작은 팥이 섞여 있다면, 이것을 눈의 크기가 콩보다 작고 팥보다 큰 체에 부어요. 그러면 콩은 체에 남고, 팥만 체에서 빠져나오며 분리가 되어요. 건물 공사에 쓰이는 자갈과 모래를 분리할 때도 같은 방법을 이용하지요.

바닷물을 분리해 소금을 얻을 때에는 물이 증발하는 성질을 이용해요. 소금을 만드는 곳인 염전에 바닷물을 모아서 막아 놓고 햇볕에 증발시키면, 물은 수증기로 변해 공기 중으로 날아가고 소금만 남지요.

액체의 무게 차이를 이용해 물과 기름을 분리하기도 해요. 물과 기름은 잘 섞이지 않고 기름이 물보다 가벼워서 물 위에 둥둥 떠요. 그래서 바다에 기름 유출 사고가 나면 바다 위에 흡착포를 던져 기름만 분리해 낸답니다.

사람이 직접 흡착포를 뿌려 기름을 빨아들인 뒤 다시 거두어들여야 해.

▲ 흡착포를 이용한 물과 기름의 분리

01 두 가지 이상의 물질이 성질이 변하지 않은 채로 서로 섞여 있는 것을 무엇이라고 하는지
쓰세요.

02 혼합물에 대해 바르게 말한 친구를 모두 찾아 ○ 하세요.

우리 주변의 물질들은
대부분 혼합물이야.

빵이

팥빙수는 혼합물이 아니야.

소라

혼합물을 분리할 때는
각 물질의 성질을 이용해.

꽈리

03 혼합물을 분리하는 방법을 찾아 선으로 이으세요.

(1) 큰 콩과 작은 팥을
     분리할 때   •

                                      • ㉠   물이 증발하는
                                             성질을 이용해요.

(2) 바닷물에서 소금을
     분리할 때   •

                                      • ㉡   알갱이의
                                             크기 차이를 이용해요.

04 물과 기름의 분리에 대한 글을 읽고, 알맞은 말에 ○ 하세요.

기름은 물과 잘 섞이지 않고 물보다 (가벼워서 | 무거워서) 물 위에 둥둥 떠요.
그래서 바다에서 기름 유출 사고가 나면 바다 위에 흡착포를 던져 (기름 | 물)만
분리해 내요.

거르다 체나 거름종이 등으로 찌꺼기나 건더기가 있는 액체에서 순수한 액체만 받아 내다.

바닷물을 거름종이에 걸러도 소금이 분리되지 않네?

바닷물에서 소금을 분리하려면 햇볕에 증발시켜야 한다고!

부유물 물 위나 물속, 또는 공기 중에 떠다니는 물질.

허우적

허우적

물속에 떠다니는 썩은 잎사귀 같은 부유물 때문에 뿌예서 앞이 잘 안 보여!

우릴 찾을 수 있으면 찾아봐!

질소 내용물을 보존하는 데 쓰이는, 냄새와 색깔과 맛이 없는 기체.

과자 봉지가 빵빵한 걸 보니 과자가 가득 들었나 봐.

친구들하고 나누어 먹어야지!

어? 왜 과자가 이만큼밖에 없지? 봉지가 빵빵했는데⋯⋯.

뭐야?

이게 다야?

과자가 부서지지 말라고 질소를 넣어서 봉지가 빵빵했던 거야.

포화 더 이상 다른 것을 받아들일 수 없을 정도로 가득 참.

계속 먹었더니 배가 포화 상태라서 더 이상 못 먹겠네! 아립다!

꺽~!

한정 수와 양, 범위 등을 제한하여 정함.

재료는 한정되어 있는데, 손님이 계속 오네.

반죽이 이것밖에 안 남았어.

01 낱말과 그 뜻이 바르게 짝 지어진 것을 모두 찾아 ✓ 하세요.

(1) 질소 – 내용물을 태우는 데 쓰이는, 냄새와 색깔과 맛이 없는 기체. ☐

(2) 포화 – 더 이상 다른 것을 받아들일 수 없을 정도로 가득 참. ☐

(3) 한정 – 수와 양, 범위 등에 제한이 없음. ☐

(4) 거르다 – 체나 거름종이 등으로 찌꺼기나 건더기가 있는 액체에서
순수한 액체만 받아 내다. ☐

(5) 부유물 – 물 위나 물속, 또는 공기 중에 떠다니는 물질. ☐

02 ☐ 안에서 알맞은 낱말을 골라 ○ 하세요.

(1) 우리가 쓸 수 있는 자원은 | 한정 | 유출 | 되어 있으므로 아껴 써야 해요.

(2) 흙탕물을 거름종이에 | 저으면 | 거르면 | 맑은 물을 얻을 수 있어요.

03 빈 곳에 알맞은 낱말을 보기 에서 찾아 쓰세요.

| 보기 | 부유물 | 질소 | 포화 |

(1) 과자 봉지에 들어 있는 _____ 덕분에 과자가 전혀 부서지지 않았어요.

(2) 버스가 사람들로 가득 찬 _____ 상태라서 더 이상 탈 수가 없어요.

(3) 어항에서 _____ 을 건져 내고 깨끗이 청소했어요.

녹고 녹이고 골고루 섞여!

설탕을 물에 넣으면 어떻게 될까요? 설탕이 모두 녹아 사라져 버린다고요? 아니에요. 설탕이 사라진 게 아니라 설탕 알갱이가 매우 작게 변해 물속에 골고루 섞여 있는 거예요. 이렇게 어떤 물질이 다른 물질에 녹아 골고루 섞이는 현상을 '용해'라고 해요. 설탕물에서 설탕처럼 녹는 물질을 '용질', 물처럼 녹이는 물질을 '용매'라고 하지요.

용질과 용매가 용해된 것을 '용액'이라고 해요. 용액은 오래 두어도 가라앉거나 뜨는 것이 없고 걸러도 걸러지는 것이 없으며 투명해요. 설탕물이나 소금물은 용액이지만, 부유물이 있고 가만히 두면 흙이 가라앉는 흙탕물은 용액이 아니에요.

보통 용액은 액체를 말하지만, 고체나 기체끼리 골고루 섞여 있는 용액도 있어요. 여러 가지 금속을 골고루 섞어서 만든 합금은 고체 용액이며, 질소를 비롯한 여러 가지 기체가 골고루 섞여 있는 공기는 기체 용액이지요.

같은 양의 용질인 설탕을 용매인 물에 녹일 때는 설탕의 알갱이가 작을수록, 물을 빨리 저을수록, 물의 양이 많을수록, 물의 온도가 높을수록 설탕이 빨리 녹아요. 하지만 일정한 온도에서 일정한 양의 물에 녹는 설탕의 양은 한정되어 있어요. 설탕을 물에 계속 넣으면서 녹이면 어느 순간부터 설탕이 녹지 않고 바닥에 가라앉지요. 이렇게 일정한 양의 용매에 용질이 더 이상 녹을 수 없을 만큼 최대로 녹아 있는 용액을 '포화 용액'이라고 해요.

같은 양의
설탕을 빨리 녹이는
방법에 ○ 한 거야.

각설탕으로　　가루 설탕으로

그냥 두기　　젓기

찬물에　　뜨거운 물에

물의 양을 적게　　물의 양을 많게

01 빈칸에 알맞은 말을 차례대로 쓰세요.

> 어떤 물질이 다른 물질에 녹아 골고루 섞이는 현상을 ☐라고 하고, 이때 녹는 물질을 ☐, 녹이는 물질을 ☐라고 해요. 또 용질과 용매가 용해된 것을 ☐이라고 해요.

> _____ , _____ , _____ , _____

02 용액에 대한 설명이 맞으면 ○, 틀리면 ✕ 하세요.

(1) 오래 두어도 가라앉거나 뜨는 것이 없어요. 　　　　　　(　　)

(2) 거르면 알갱이가 걸러지고 투명해요. 　　　　　　　　　(　　)

(3) 설탕물, 소금물, 흙탕물은 모두 용액이에요. 　　　　　　(　　)

(4) 공기는 여러 가지 기체가 섞인 기체 용액이에요. 　　　　(　　)

03 같은 양의 설탕을 물에 빨리 녹이는 방법을 바르게 말한 친구를 모두 찾아 ○ 하세요.

물을 빨리 저으라고!
롱이

물의 양을 적게 하면 빨리 녹을 텐데.
빵이

물의 온도를 높여 봐.
핫또야

설탕 알갱이의 크기가 클수록 빨리 녹아.
소라

04 일정한 양의 용매에 용질이 더 이상 녹을 수 없을 만큼 최대로 녹아 있는 용액을 무엇이라고 하는지 쓰세요.

기름기 무엇에 묻어 있거나 들어 있는 적은 양의 기름.

단백질 살아 있는 생명체를 이루며, 활동을 하는 데 필요한 힘을 주는 중요한 물질.

대리석 주로 조각이나 건축에 쓰이고 흔히 하얀색을 띠며 자른 면이 매끄러운 돌.

비린내 물고기 등에서 나는 코를 찌르는 느낌의 매스꺼운 냄새.

탄산 이산화 탄소가 물에 녹아서 생기는 약한 산.

01 뜻에 알맞은 낱말을 보기 에서 찾아 (   ) 안에 기호를 쓰세요.

| 보기 | ㉠ 탄산 | ㉡ 단백질 | ㉢ 대리석 | ㉣ 기름기 | ㉤ 비린내 |

(1) 무엇에 묻어 있거나 들어 있는 적은 양의 기름.   (   )

(2) 주로 조각이나 건축에 쓰이고 흔히 하얀색을 띠며 자른 면이 매끄러운 돌. (   )

(3) 이산화 탄소가 물에 녹아서 생기는 약한 산.   (   )

(4) 물고기 등에서 나는 코를 찌르는 느낌의 매스꺼운 냄새.   (   )

(5) 살아 있는 생명체를 이루며, 활동을 하는 데 필요한 힘을 주는
중요한 물질.   (   )

02 빈칸에 알맞은 글자를 모두 찾아 ○ 하세요.

(1) 몸에 □□□이 부족할까 봐
고기를 먹었어요.

| 비 | 백 | 칼 | 질 |
| 단 | 아 | 연 | 타 |

(2) 이 식탁은 희고 매끄러운 돌인
□□□으로 만들어졌어요.

| 대 | 강 | 석 | 고 |
| 화 | 리 | 돌 | 판 |

03 빈칸에 알맞은 낱말이 차례대로 묶인 것을 고르세요. (   )

□가 많은
음식을 먹었더니
속이 느끼해요.

생선을 만졌더니
손에서 □가 나서
깨끗이 씻었어요.

□이 들어 있는
음료를 마셨더니
트림이 나와요.

① 기름기 – 탄산 – 비린내   ② 기름기 – 비린내 – 탄산

③ 비린내 – 탄산 – 기름기   ④ 탄산 – 비린내 – 기름기

우리는 서로 달라, 산성과 염기성

그리스의 아테네에는 수천 년 전에 만든 대리석 건물이 많이 남아 있어요. 그런데 이 건물들이 하늘에서 내리는 산성비에 망가지고 있어요. 산성비에 섞여 있는 산성 물질에 달걀 껍데기나 대리석 등을 녹이는 성질이 있기 때문이에요.

우리 주변의 산성 물질에는 레몬, 식초, 김치 등이 있어요. 대부분 신맛이 나지요. 하지만 음료수의 탄산처럼 신맛이 나지 않는 것도 있어요. 염산처럼 산성이 아주 세서 먹거나 만지면 매우 위험한 것도 있는데, 이런 용액은 대부분의 금속을 녹이므로 유리병에 담아 보관해야 해요.

우리가 흔히 쓰는 비누는 염기성 물질이에요. 염기성 물질은 쓴맛이 나고 단백질을 녹이며 피부에 닿으면 미끈거리는 느낌이 들어요. 또 때를 잘 벗겨 내고 기름기를 잘 녹이는 성질이 있지요. 빨래나 청소를 할 때 사용하는 세제는 대부분 염기성 물질이에요.

산성 물질과 염기성 물질은 서로 섞이면 각각의 성질을 잃어버리는데, 이것을 '중화 반응'이라고 해요. 중화 반응은 우리 생활에서 다양하게 이용되어요. 생선에 산성 물질인 레몬즙을 뿌려 염기성을 띠는 비린내를 없애는 것, 염기성 물질인 치약으로 양치질을 해서 입 안의 산성 물질을 없애 충치를 예방하는 것, 김치의 신맛을 줄이기 위해 김치 안에 염기성 물질인 달걀 껍데기를 넣어 두는 것 등이 중화 반응을 이용한 예랍니다.

▲ 생활 속 산성 물질들

▲ 생활 속 염기성 물질들

01 산성 물질과 염기성 물질을 보기 에서 모두 찾아 기호를 쓰세요.

| 보기 | ㉠ 레몬 | ㉡ 염산 | ㉢ 비누 | ㉣ 식초 | ㉤ 치약 | ㉥ 달걀 껍데기 |

⑴ 산성 물질 (　　　　,　　　　,　　　　)　　⑵ 염기성 물질 (　　　　,　　　　,　　　　)

02 산성 물질에 대한 설명으로 틀린 것을 고르세요. (　　　　)

① 산성 물질은 달걀 껍데기나 대리석을 녹여요.

② 대부분 신맛이 나지만, 그렇지 않은 것도 있어요.

③ 산성이 아주 세서 먹거나 만지면 위험한 것도 있어요.

④ 염산 용액은 유리를 녹일 정도로 산성이 아주 세요.

03 염기성 물질에 대한 글을 읽고, 알맞은 말에 ○ 하세요.

염기성 물질은 (신맛 | 쓴맛)이 나고 피부에 닿으면 (미끈거리는 | 끈적거리는)
느낌이 들어요. 또 때를 잘 벗겨 내고 기름기도 잘 녹이는 성질이 있어요.

04 생활 속에서 중화 반응을 이용하는 방법을 틀리게 말한 친구를 찾아 ○ 하세요.

생선에
레몬즙을 뿌리면
비린내가 없어져.

빵이

치약으로
양치질을 해서
충치를 예방해.

핫또야

김치의 신맛을
줄이기 위해 김치 안에
레몬을 넣어.

소라

드라이아이스 얼음보다 차갑고 공기 중에 두면 흔적 없이 사라지는 고체 상태의 흰색 물질.

압력 누르는 힘.

압축 물질 등을 눌러서 부피를 줄임.

연료 태워서 빛이나 열을 내거나 기계를 움직이는 힘을 얻을 수 있는 물질.

오염 더러운 상태가 됨.

장치 어떤 목적에 따라 일을 해낼 수 있도록 하는 기계나 도구.

01 뜻에 알맞은 낱말이 되도록 **보기** 에서 글자를 모두 찾아 빈칸에 쓰세요.

보기	장	압	오	치	력	염

(1) 누르는 힘. ....

(2) 더러운 상태가 됨. ....

(3) 어떤 목적에 따라 일을 해낼 수 있도록 하는 기계나 도구. ....

02 낱말에 대한 설명이 맞으면 ○, 틀리면 ✕ 하세요.

(1) '연료'는 태워서 빛이나 열을 내거나 기계를 움직이는 힘을 얻을 수 있는
물질을 말해요.   (   )

(2) '드라이아이스'는 얼음보다 투명하고 공기 중에 두면 녹아 물이 되는
고체 물질을 말해요.   (   )

(3) '압축'은 물질을 당기는 힘을 말해요.   (   )

03 (   ) 안에서 알맞은 낱말을 골라 ○ 하세요.

(1) 주유소에서 자동차에 (**연료** | **비료**)를 넣었어요.

(2) 강물이 (**오물** | **오염**)되어 더럽고 냄새가 많이 나요.

(3) 이 에어컨에는 자동 온도 조절 (**장치** | **설치**)가 있어요.

(4) 물건을 눌러 담았더니 (**압력** | **압박**) 때문에 상자가 터졌어요.

(5) 박스를 (**압축** | **압류**)해서 버리면 쓰레기의 부피를 줄일 수 있어요.

(6) (**드라이어** | **드라이아이스**) 덕분에 아이스크림이 안 녹았어요.

눈에 보이지 않지만 꼭 필요한 기체들

공기는 산소, 이산화 탄소, 질소, 수소 같은 기체들로 이루어져 있어요. 이 기체들은 대부분 눈에 보이지 않고 냄새도 나지 않아요. 하지만 모두 우리 생활에 꼭 필요한 기체들이에요.

산소는 생명체가 숨을 쉬는 데 꼭 필요한 기체로, 우리 주위 어디에나 있어요. 물속에도 산소가 녹아 있어서 물고기가 호흡할 수 있지요. 산소는 압축 공기통에 넣어 사람이 높은 산이나 깊은 바닷속 등에서 호흡하는 데 이용되기도 하고, 호흡 장치에 넣어 숨 쉬기 힘든 환자들에게 쓰이기도 해요.

산소는 스스로 타지 않지만 다른 물질이 잘 타도록 도와주어요. 산소를 이용하면 높은 온도의 불을 일으켜 단단한 금속을 자르거나 붙일 수도 있지요.

잠수부가 등에 메고 있는 것이 압축 공기통이야.

▲ 깊은 바닷속을 헤엄치는 잠수부

이산화 탄소는 산소와 반대로 물질이 타는 것을 막아 주는 역할을 해요. 이산화 탄소에 압력을 높이면 액체가 되는데, 이것을 소화기 안에 넣어 불을 끌 때 이용해요. 또 이산화 탄소의 온도를 낮추어 드라이아이스로 만들어 냉동식품을 보관하는 데 이용하기도 하고, 물에 녹여 탄산으로 만들어 음료수에 넣기도 해요. 탄산음료에서 나는 거품과 톡 쏘는 맛은 모두 이산화 탄소 때문에 생기는 것이지요.

공기 중에 가장 많이 들어 있는 질소는 음식물을 보존하거나 신선하게 유지하는 데 이용되어요. 캔이나 과자 봉지 등에 넣어 내용물이 상하거나 부서지지 않게 하지요. 또 기체 중 가장 가벼운 수소는 탈 때 오염 물질이 생기지 않아 연료로 사용하면 환경을 보호할 수 있어요.

01 산소에 대한 설명이 맞으면 ○, 틀리면 ✕ 하세요.

> (1) 생명체가 숨을 쉬는 데 꼭 필요한 기체예요.　　　　　　　　　(　　　)
>
> (2) 물속에는 산소가 없어요.　　　　　　　　　　　　　　　　(　　　)
>
> (3) 높은 온도의 불을 일으켜 단단한 금속을 붙이는 데 이용되어요.　 (　　　)

02 기체에 대한 글을 읽고, 알맞은 말에 ○ 하세요.

> (산소 | 이산화 탄소)는 스스로 타지 않지만 다른 물질이 잘 타도록 도와주고,
> (산소 | 이산화 탄소)는 물질이 타는 것을 막아 주어요.

03 이산화 탄소를 생활에 이용한 예로 틀린 것을 고르세요. (　　　)

① 압력을 높여 소화기 안에 넣어 불을 끄는 데 이용해요.

② 과자 봉지에 넣어 과자가 부서지지 않도록 해요.

③ 물에 녹여 탄산으로 만들어 음료수에 넣어요.

④ 온도를 낮추어 드라이아이스로 만들어 냉동식품을 보관하는 데 이용해요.

04 친구들이 설명하는 기체가 무엇인지 찾아 ○ 하세요.

가장 가벼운 기체야.

탈 때 오염 물질이 생기지 않아 연료로 사용하면 환경을 보호할 수 있어.

산소　　　　　　　질소

이산화 탄소　　　　수소

관찰 사물이나 현상을 주의 깊게 자세히 살펴봄.

끼얹다 액체나 가루 등을 다른 것 위에 고루 흩어지게 뿌리다.

돋보기 작은 것을 크게 보이게 하는 렌즈.

분사 액체나 기체 등에 압력을 가하여 세차게 뿜어 내보냄.

이상 수량이나 정도가 일정한 기준을 포함해 그보다 많거나 나은 것.

차단 액체나 기체 등의 흐름을 막거나 끊어서 통하지 못하게 함.

01 ⬚ 안에서 알맞은 낱말을 골라 ○ 하세요.

(1) 돋보기: ⬚ 큰 | 작은 ⬚ 것을 ⬚ 작게 | 크게 ⬚ 보이게 하는 렌즈.

(2) ⬚ 끼얹다 | 모으다 ⬚ : 액체나 가루 등을 다른 것 위에 고루 흩어지게 뿌리다.

(3) 이상: 수량이나 정도가 일정한 기준을 포함해 그보다 ⬚ 적거나 | 많거나 ⬚ 나은 것.

(4) ⬚ 차단 | 차별 ⬚ : 액체나 기체 등의 흐름을 막거나 끊어서 통하지 못하게 함.

(5) 분사: 액체나 기체 등에 ⬚ 압력 | 압축 ⬚ 을 가하여 세차게 뿜어 내보냄.

(6) ⬚ 관심 | 관찰 ⬚ : 사물이나 현상을 주의 깊게 자세히 살펴봄.

02 밑줄 친 낱말이 바르게 쓰인 것을 모두 찾아 ✔ 하세요.

(1) 아주 더운 날에는 몸에 물을 **끼얹으면** 시원해요.　⬚

(2) 창문을 열어서 집 안에서 나는 음식 냄새를 **차단**했어요.　⬚

(3) 우리 집 잔디밭에는 자동으로 물을 **분사**하는 장치가 있어요.　⬚

03 (   ) 안에서 알맞은 낱말을 골라 ○ 하세요.

과학 시간에 학교 화단에 나가 개미를 (예상 | 관찰)했다.

개미가 너무 작아 (돋보기 | 손전등)(으)로 봤더니 아주 크게 잘 보였다.

열 마리 (이상 | 이전)의 개미가 줄지어 한 방향으로 기어갔다.

어디를 바쁘게 가는 걸까?

불에 타려면? 불을 끄려면?

초에 불을 붙이고 타는 모습을 자세히 관찰하면 빛과 열이 발생하는 것을 볼 수 있어요. 성냥이 탈 때도, 나무가 탈 때도 마찬가지인데, 이렇게 물질이 타면서 빛과 열을 내는 현상을 '연소'라고 해요.

맑은 날 돋보기로 햇빛을 한곳에 모아 종이에 비추면, 종이가 연기를 내면서 연소해요. 돋보기로 빛을 모은 부분의 온도가 종이를 연소할 수 있을 만큼 높아지면서 불이 붙은 것이지요.

물질에 불을 직접 붙이지 않아도 물질이 불에 타기 시작하는 온도를 그 물질의 '발화점'이라고 해요. 어떤 물질도 발화점 이상으로 온도를 높이지 않으면 불이 붙지 않아요. 하지만 물질의 온도를 발화점 이상으로 높여도 산소가 없으면 물질은 연소하지 않지요.

돋보기로 햇빛을 모아 종이의 한곳을 오래 비추면 종이에서 연기가 나면서 타기 시작해.

그러면 물질의 온도가 발화점 이상으로 올라가고 산소가 있으면 물질이 연소할까요? 이때에도 종이와 나무 같은 불에 타는 물질이 반드시 있어야 해요. 그러니까 연소가 일어나려면 불에 타는 물질이 있어야 하고, 온도가 발화점 이상이 되어야 하고, 반드시 산소가 있어야 하지요.

연소가 일어날 때 필요한 조건 중 하나라도 없애면 불이 꺼지는데, 이것을 '소화'라고 해요. 모닥불에 물을 뿌려 온도를 발화점 아래로 낮추거나, 나무를 더 이상 넣지 않아 불에 타는 물질을 없애거나, 불에 모래를 끼얹어 산소를 차단하면 소화를 할 수 있어요. 불을 끌 때 사용하는 소화기도 분사할 때 나오는 이산화 탄소가 불에 타는 물질 주위를 덮어 산소를 차단하면서 소화를 하게 된답니다.

01 글을 읽고, 빈 곳에 알맞은 말을 쓰세요.

물질에 불을 직접 붙이지 않아도 물질이 불에 타기 시작하는 온도를 그 물질의

_____ 이라고 해요.

02 연소에 대한 설명이 맞으면 ○, 틀리면 ✕ 하세요.

⑴ 물질이 타면서 빛과 열을 내는 현상을 말해요.   (   )

⑵ 물질의 온도를 발화점 이상으로 높이면 산소가 없어도 물질은 연소해요. (   )

⑶ 불에 타는 물질, 발화점 이상의 온도, 산소 중 두 가지만 있어도 연소가
일어나요.   (   )

03 연소가 일어날 때 필요한 조건 중 하나라도 없애면 불이 꺼지는데, 이것을 무엇이라고 하는지
쓰세요.

04 어떤 방법으로 소화를 한 것인지 찾아 선으로 이으세요.

⑴ 모닥불에 물을 뿌렸어요.   •   • ㉠ 산소를 차단했어요.

⑵ 나무를 더 이상 넣지 않았어요.   •   • ㉡ 온도를 발화점
                                              아래로 낮추었어요.

⑶ 불에 모래를 끼얹었어요.   •   • ㉢ 불에 타는 물질을
                                              없앴어요.

친구들이 설명하는 낱말을 글자판에서 찾아 ◯으로 묶으세요.
(낱말은 가로, 세로로 찾을 수 있어요.)

 ① 누르는 힘을 뜻하는 말이야.

 ② 이산화 탄소가 물에 녹아서 생기는 약한 산을 이렇게 불러.

 ③ 무엇에 묻어 있거나 들어 있는 적은 양의 기름을 말해.

 ④ 서로 같지 않고 다르다는 뜻이야.

돋	보	기	관	성	질
석	회	거	르	다	차
탄	산	나	물	나	이
소	성	기	름	기	자
압	축	계	관	성	석
력	구	마	찰	분	자

 ⑤ 사물이나 현상을 주의 깊게 자세히 살펴보는 것을 말해.

 ⑥ 체나 거름종이 등으로 찌꺼기나 건더기가 있는 액체에서 순수한 액체만 받아 낸다는 뜻이야.

 ⑦ 작은 것을 크게 보이게 하는 렌즈야.

글의 내용이 맞으면 ○, 틀리면 × 하세요. 그런 다음 빙고가 모두 몇 개 나왔는지 빈칸에 쓰세요.

염기성 물질은 쓴맛이 나고 때를 잘 벗겨 내고 기름기를 녹여요.	연소가 될 때 발화점 이상의 온도, 불에 타는 물질, 산소 중 하나라도 없애면 소화가 되어요.	일정한 양의 용매에 용질이 더 이상 녹을 수 없을 만큼 최대로 녹아 있는 용액을 '포화 용액'이라고 해요.
알갱이의 크기가 다른 혼합물은 증발을 이용해 분리해요.	용액은 오래 두어도 가라앉거나 뜨는 것이 없고, 걸러도 걸러지는 것이 없으며 투명해요.	물질의 온도를 발화점 이상으로 높여도 산소가 없으면 연소하지 않아요.
질소는 탈 때 오염 물질이 생기지 않아 연료로 사용하면 환경을 보호할 수 있어요.	산성 물질로는 비누, 세제 등이 있어요.	산소는 스스로 타지 않지만 다른 물질이 잘 타도록 도와주어요.

빙고 [ ] 개

빙고는 가로, 세로, 대각선으로 ○가 3개 연결되는 거야.

조선의 냉장고 '석빙고'의 과학

한겨울의 얼음을 보관했다가 쓰는 기술을 '장빙'이라고 했다. 장빙 기술인 석빙고는 현재 7개가 남아 있는데, 그중 가장 완벽한 것이 바로 경주의 석빙고이다.

석빙고는 온도 변화가 적은 반지하 구조로 한쪽이 긴 봉토 고분 모양이며, 바깥의 외기를 줄이기 위해 출입구의 동쪽이 담으로 막혀 있고 지붕에 구멍이 뚫려 있다.

지붕은 2중 구조로 되어 있는데, 바깥쪽은 단열 효과가 높은 진흙으로, 안쪽은 열전달이 잘되는 화강암으로 만들었다. 천장은 아치형으로 5개의 기둥에 장대석이 걸쳐져 있고, 장대석이 걸친 곳에는 밖으로 통하는 환기 구멍이 3개가 나 있다. 이 구멍은 아래쪽이 넓고 위는 좁은 직사각형 기둥 모양인데, 이렇게 함으로써 바깥에서 바람이 불 때 빙실 안의 공기가 잘 빠져나오는 것이다. 즉 복사열로 데워진 공기와 출입구에서 들어오는 바깥의 더운 공기가 지붕의 구멍으로 빠져나가기 때문에 빙실 아래의 찬 공기가 오랫동안 머물 수 있어 얼음이 적게 녹는 것이다. 또한 지붕에는 잔디를 심어 태양의 복사열을 차단하였고, 내부 바닥 한가운데는 5도 경사지게 배수로를 파서 얼음에서 녹은 물이 밖으로 흘러 나갈 수 있도록 한 아주 과학적인 구조를 갖추고 있다.

여기에다가 석빙고의 얼음을 왕겨나 짚으로 쌓아 보관했다. 이것은 왕겨나 짚이 단열 효과를 높이기도 하지만, 얼음이 약간 녹으면서 융해열로 주변 열을 흡수하게 되므로 왕겨나 짚의 안쪽이 온도가 낮아져 그만큼 얼음이 장기간 보관될 수 있도록 한 것이다.

▲ 석빙고

석빙고는 자연 그대로의 순환 원리에 맞추어 계절의 변화와 돌·흙·바람·지세 등을 활용하여 자연 상태에서 가장 효과적으로 얼음을 오랫동안 저장할 수 있는 구조로 되어 있다. 이러한 시설은 세계적으로도 드문 것으로 조상들의 과학적인 지혜를 듬뿍 엿볼 수 있는 것이다.

윤용현, 『전통 속에 살아 숨 쉬는 첨단 과학 이야기』, ㈜교학사

01 무엇에 대해 쓴 글인지 찾아 ○ 하세요.

> 석빙고의
> 종류

> 석빙고의
> 과학적 구조

> 석빙고의
> 오랜 역사

02 석빙고의 구조에 대한 설명이 맞으면 ○, 틀리면 ✕ 하세요.

(1) 온도 변화가 적은 반지하 구조예요. ( )

(2) 지붕 바깥쪽과 안쪽 모두 단열 효과가 높은 진흙으로 만들었어요. ( )

(3) 천장에는 둥근기둥 모양의 환기 구멍이 5개 있어요. ( )

(4) 지붕에는 잔디를 심어 태양의 복사열을 차단했어요. ( )

03 글의 내용으로 맞는 것을 모두 고르세요. (,)

① 경주의 석빙고가 석빙고 중 가장 오래되었어요.

② 석빙고의 얼음은 왕겨나 짚으로 쌓아 보관했어요.

③ 석빙고는 얼음을 빨리 얼릴 수 있는 구조로 되어 있어요.

④ 석빙고는 조상들의 과학적 지혜를 엿볼 수 있는 시설이에요.

어휘 풀이

• **봉토** 흙을 쌓아 올림. 또는 그 흙.

• **외기** 바깥의 공기.

• **아치형** 활과 같은 곡선으로 된 형태나 형식.

• **장대석** 돌계단이나 축대를 쌓는 데 쓰는, 길게 다듬어 만든 돌.

• **빙실** 얼음을 저장하여 두는 곳.

• **왕겨** 맨 처음 찧어서 벗겨 낸 벼의 겉껍질.

• **융해열** 고체를 액체로 녹이는 데 필요한 열에너지의 양.

• **지세** 땅의 생긴 모양이나 형세.

3주 운동과 에너지 1

1일

어휘 | 끌어당기다, 나침반, 자석, 작용, 철
독해 | 끌어당기고 밀어 내는 자석

2일

어휘 | 발전기, 스위치, 전선, 정전, 정전기, 호박
독해 | 전기가 궁금해!

3일

어휘 | 고철, 기중기, 영구, 자기 부상 열차
독해 | 전기로 만든 자석, 전자석

5일

어휘 | 경계, 광원, 도달, 비스듬히, 직진, 통과
독해 | 직진하고 반사하고 굴절하는 빛

4일

어휘 | 반사, 성대, 소음, 방음, 수중, 진동
독해 | 물체가 진동하면 소리가 난다고?

6일

복습

끌어당기다 끌어서 가까이 오게 하다.

나침반 동, 서, 남, 북 방향을 알려 주는 기구.

자석 철로 된 것을 끌어당기는 힘을 띤 물체.

작용 어떠한 현상을 일으키거나 영향을 줌.

철 은백색의 광택이 나며, 녹이 슬고 자석의 성질을 띠는 금속.

01 뜻에 알맞은 낱말을 **보기**에서 찾아 (   ) 안에 기호를 쓰세요.

| 보기 | ㉠ 끌어당기다 | ㉡ 철 | ㉢ 나침반 | ㉣ 자석 | ㉤ 작용 |

(1) 은백색의 광택이 나며, 녹이 슬고 자석의 성질을 띠는 금속.   (   )

(2) 어떠한 현상을 일으키거나 영향을 줌.   (   )

(3) 철로 된 것을 끌어당기는 힘을 띤 물체.   (   )

(4) 동, 서, 남, 북 방향을 알려 주는 기구.   (   )

(5) 끌어서 가까이 오게 하다.   (   )

02 밑줄 친 낱말이 바르게 쓰인 것을 찾아 ✔ 하세요.

(1) 수레를 뒤에서 **끌어당겼더니** 가파른 언덕을 쉽게 올라갔어요.   ☐

(2) 숯은 공기를 깨끗하게 하는 **작용**을 해요.   ☐

03 빈칸에 알맞은 낱말을 찾아 선으로 이으세요.

(1) 철로 만든 못이 ☐에 철썩 달라붙었어요.   •   • ㉠ 철

(2) 은백색의 ☐로 만든 건물이 녹이 슬어 벌겋게 되었어요.   •   • ㉡ 자석

(3) ☐을 이용하면 동, 서, 남, 북을 쉽게 찾을 수 있어요.   •   • ㉢ 나침반

끌어당기고 밀어 내는 자석

자석 칠판, 자석 집게 등은 우리 생활에 유용하게 쓰이는 물건이에요. 자석은 철 못이나 클립 같은 철로 된 물체를 끌어당기는 힘이 있어요. 이 힘을 '자기력'이라고 해요. 하지만 자석은 철이 아닌 유리, 나무, 고무, 플라스틱 등으로 된 물체는 끌어당기지 못해요.

보통 막대자석에서 철을 가장 세게 끌어당기는 곳은 양쪽 끝부분에 있는 N(엔)극과 S(에스)극이에요. 모든 자석은 이 두 개의 극을 가지고 있어요. 말굽자석이나 동전 모양의 자석처럼 자석의 모양이 달라도 철로 된 물체가 가장 잘 붙는 곳은 N극과 S극 부분이에요.

자석은 같은 극인 N극과 N극, S극과 S극끼리는 서로 밀어 내는 성질이 있어요. 반대로 다른 극인 S극과 N극은 서로 끌어당기지요. 이때 자석 사이가 가까울수록, 자석의 힘이 셀수록 끌어당기는 힘은 더 크게 작용해요.

자석을 반으로 쪼개면 어떻게 될까요? 쪼갠 자석의 양쪽 끝에 또다시 N극과 S극이 생겨요. 또 철로 된 물체를 자석의 한쪽 극에 오래 붙여 놓거나, 자석 한쪽 극에 한 방향으로 계속 문지르면 철로 된 물체가 자석의 성질을 가지게 되어요. 이것을 '자화'가 되었다고 하는데, 이렇게 자화된 물체에도 자기력이 생기면서 N극과 S극이 생기는 것이지요.

우리가 살고 있는 지구는 자석의 성질을 띠고 있어요. 남극은 N극, 북극은 S극의 성질을 띠지요. 우리가 방향을 찾을 때 쓰는 나침반도 바늘이 자석으로 되어 있어요. 그래서 나침반 바늘의 N극이 언제나 지구의 S극을 가리키는 성질을 이용해 방향을 찾는답니다.

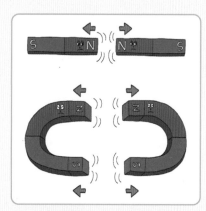

▲ 자석을 같은 극끼리 가까이 가져갈 때

▲ 자석을 다른 극끼리 가까이 가져갈 때

보통 자석의 빨간색 부분은 N극, 파란색 부분은 S극이야.

01 자석이 끌어당기는 물체를 모두 찾아 ◯로 묶으세요.

유리   고무   클립

철 못   나무   플라스틱

02 자석의 극에 대한 설명이 맞으면 ◯, 틀리면 ✕ 하세요.

⑴ 자석에서 철을 가장 세게 끌어당기는 곳은 N극과 S극이에요.   (   )

⑵ 모든 자석의 극은 자석의 가운데 부분에 있어요.   (   )

⑶ 자석은 다른 극끼리 서로 밀어 내는 성질이 있어요.   (   )

03 자석에 대한 설명으로 맞는 것을 모두 고르세요. (,   )

① 자석은 자기력을 가지고 있어요.

② 자석을 반으로 쪼개면 자석의 극은 사라져요.

③ 철로 된 물체를 자석 한쪽 극에 한 방향으로 계속 문지르면 자화가 되어요.

④ 자화된 물체에는 N극만 생겨요.

04 나침반에 대한 글을 읽고, 빈 곳에 알맞은 말을 쓰세요.

"

지구의 _____ 극은 S극의 성질을 띠어요. 그래서 나침반의 바늘을

_____ 으로 만들어 바늘의 N극이 언제나 지구의 S극을 가리키는 것을 보고

방향을 찾을 수 있어요.

"

발전기 전기를 일으키는 기계.

스위치 전류가 흐르는 통로를 이었다 끊었다 하는 장치.

전선 전기가 흐르는 선.

정전 들어오던 전기가 끊어짐.

정전기 서로 다른 두 물체를 문질렀을 때 생기는, 이동하지 않는 전기.

호박 장식품, 보석 등으로 쓰이는 누런색의 고체 물질.

01 낱말에 대한 설명이 맞으면 ○, 틀리면 × 하세요.

(1) 전류가 흐르는 통로를 이었다 끊었다 하는 장치를 '스위치'라고 해요. ( )

(2) '발전기'는 바람을 일으키는 기계를 말해요. ( )

(3) '정전기'는 서로 다른 두 물체가 부딪쳤을 때 생기는, 이동하는 전기예요. ( )

(4) 끊어진 전기가 들어오는 것을 '정전'이라고 해요. ( )

(5) '호박'은 장식품, 보석 등으로 쓰이는 누런색의 고체 물질을 말해요. ( )

(6) '전선'은 전기가 흐르는 선을 말해요. ( )

02 ( ) 안에 알맞은 낱말을 보기 에서 찾아 기호를 쓰세요.

보기

㉠ 정전

㉡ 스위치

㉢ 전선

(1) ( )이 끊어졌나 봐. 컴퓨터가 안 켜져.

(2) 컴퓨터의 ( )를 찾아서 눌러 봐.

03 ( ) 안에서 알맞은 낱말을 골라 ○ 하세요.

(1) (가전 | 정전)이 되어서 엘리베이터가 갑자기 멈추었어요.

(2) (발전기 | 정전기)를 돌리면 곧 전기가 들어올 거예요.

(3) 겨울에 털옷을 입으면 (발전기 | 정전기)가 잘 일어나요.

(4) (호박 | 함박)은 인간이 사용한 오래된 보석 중의 하나예요.

전기가 궁금해!

이 세상에서 전기가 사라진다고 생각해 보세요. 전등을 켤 수도 없고, 휴대 전화나 컴퓨터도 쓸 수 없어요. 지하철이나 기차도 움직일 수 없지요. 전기가 없으면 우리 생활은 아주 불편해질 거예요.

우리 생활에 도움을 주는 전기는 언제 발견되었을까요? 약 2,500년 전, 고대 그리스의 철학자인 탈레스는 털가죽으로 문지른 호박에 작고 가벼운 물체가 달라붙는다는 것을 알게 되었어요. 그렇지만 왜 그런지는 알 수 없었어요. 한참 뒤인 약 300년 전부터 과학자들이 전기를 연구하면서 탈레스가 발견한 것이 서로 다른 물체를 문질러서 생긴 전기라는 것을 알게 되었지요. 이 전기는 흐르지 않고 제자리에 있는 전기라고 해서 '정전기'라고 불러요. 물체 표면에 잠시 머물다가 사라지거든요. 겨울철 털옷을 벗을 때 찌릿한 느낌이 드는 것은 이 정전기 때문이에요.

우리가 흔히 쓰는 전기는 한곳에 가만히 있지 않고 움직여요. 전기를 이루는 알갱이들은 연속적으로 이동하는데, 이것을 '전류'라고 해요. 전류는 전선과 스위치 등을 연결해 만든 전기 회로를 따라 빠르게 흘러요. 전기를 이용하려면 반드시 전기 회로가 연결되어 있어야 하며, 전기 회로가 중간에 끊어지면 정전이 되지요.

오늘날 우리가 많은 양의 전기를 쓸 수 있는 것은 영국의 과학자인 패러데이 덕분이에요. 패러데이가 고리 모양으로 여러 번 감은 전선 안에 자석을 넣었다 뺄 때마다 전기가 생긴다는 것을 알아냈거든요. 이를 이용해 발전기가 발명되었고, 발전소를 지어 오늘날 많은 양의 전기를 만들어 쓸 수 있게 되었답니다.

01 글을 읽고, 빈 곳에 알맞은 말을 쓰세요.

> 흐르지 않고 제자리에 있는 전기를 _____ 라고 불러요.

02 전기에 대한 설명으로 <u>틀린</u> 것을 고르세요. (   )

① 정전기는 물체 표면에 잠시 머물다가 사라져요.

② 우리가 흔히 쓰는 전기는 한곳에 가만히 있지 않고 움직여요.

③ 전류는 전기를 이루는 알갱이들이 연속적으로 이동하는 것을 말해요.

④ 전류는 전기 회로를 따라 아주 천천히 흘러요.

03 전기 이용에 대한 글을 읽고, 알맞은 말에 ○ 하세요.

> 전기를 이용하려면 전선과 스위치 등을 연결해 만든 (전기 회로 | 발전기)가 반드시
> 연결되어 있어야 하며, 이것이 중간에 끊어지면 (감전 | 정전)이 되어요.

04 다음과 같은 실험을 한 과학자가 누구인지 찾아 ○ 하세요.

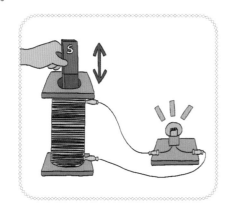

탈레스

패러데이

고철 오래되거나 쓰고 버린 쇠붙이.

기중기 무거운 물건을 위로 들어 올려 옮기는 기계.

영구 시간이 오래 지나도 변하지 않고 무한히 계속됨.

자기 부상 열차 자기력을 이용해 차량을 선로 위로 띄워 주행하는 열차.

01 뜻에 알맞은 낱말을 보기 에서 찾아 빈칸에 쓰세요.

| 보기 | 자기 부상 열차 | 영구 | 기중기 | 고철 |

(1) 오래되거나 쓰고 버린 쇠붙이. ·····················

(2) 자기력을 이용해 차량을 선로 위로 띄워 주행하는 열차. ··········

(3) 무거운 물건을 위로 들어 올려 옮기는 기계. ···········

(4) 시간이 오래 지나도 변하지 않고 무한히 계속됨. ·········

02 빈칸에 알맞은 낱말을 찾아 선으로 이으세요.

(1) 커다란 버스를 □로 단번에 들어 올렸어요.　　　·

(2) □는 흔들림이 심하지 않고 조용하게 선로 위를 달려요.　　·

· ㉠ 자기 부상 열차

· ㉡ 기중기

03 빈칸에 알맞은 글자를 모두 찾아 ○ 하세요.

(1) 우리 삼촌은 오래된 쇠붙이인 □□ 수집이 취미예요.

| 충 | 고 | 돌 | 청 | 공 | 철 |

(2) 이 책은 □□히 보존해야 하는 귀중한 문화유산이에요.

| 전 | 상 | 영 | 구 | 강 | 리 |

전기로 만든 자석, 전자석

못을 불에 가열한 뒤 식혀서 종이를 감고, 그 위에 전선인 에나멜선을 촘촘하게 감아요. 그런 다음 에나멜선 양쪽 끝을 전기 회로에 연결하고 에나멜선을 감은 못에 클립을 천천히 가져가면 클립은 어떻게 될까요?

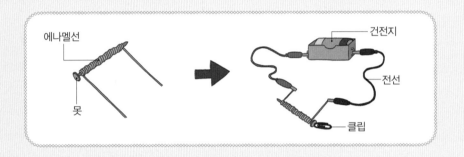

신기하게 자석도 없는데 클립이 못에 달라붙어요. 전기 회로에서 전류가 흐르면서 못이 자석으로 변한 것이지요. 이렇게 전류가 흐르는 전선 주위에 자석의 성질이 나타나는 것을 이용해 만든 자석을 '전자석'이라고 해요.

전자석은 자석의 성질을 띠지만 막대자석 같은 영구 자석과는 많이 달라요. 영구 자석은 늘 자석의 성질을 띠지만 전자석은 전류를 끊으면 자석의 성질을 잃어버려요. 영구 자석은 자석의 세기가 일정하지만, 전자석은 에나멜선을 더 촘촘하게 감거나 전류의 세기가 강해지면 자석의 성질도 강해지지요. 따라서 전자석은 자석의 세기를 조절할 수 있어요. 또 영구 자석은 N극와 S극이 언제나 똑같지만, 전자석은 전류의 방향을 바꾸면 N극과 S극의 방향도 바뀌어요.

이러한 성질 때문에 전자석은 우리 생활 곳곳에 쓰여요. 고철 처리장의 기중기에는 전자석이 달려 있는데, 고철을 들어 옮길 때에는 전류를 흐르게 해 고철이 기중기에 붙게 하고, 고철을 내려놓을 때에는 전류를 끊어요. 선풍기나 세탁기를 돌아가게 하는 전동기에도 영구 자석과 전자석이 들어 있어 서로 힘이 작용하여 전동기를 회전시키지요. 선로 위에 떠서 달리는 자기 부상 열차도 전자석끼리 서로 밀고 당기는 힘을 이용한 것이에요. 열차 아래에 전자석을 붙이고 자석으로 만든 선로에 올려 전자석에 전류가 흐르면 열차가 뜨면서 이동하지요. 이렇게 전자석은 우리 생활에 편리하게 쓰이고 있어요.

01 다음 실험의 결과로 맞는 것을 고르세요. (   )

불에 가열했다 식힌 못에 종이를 감고, 그 위에 에나멜선을 촘촘하게 감아요. 그런 다음 에나멜선 양쪽 끝을 전기 회로에 연결하고 에나멜선을 감은 못에 클립을 가져가요.

① 클립이 멀리 튕겨 나가요.   ② 클립이 못에 달라붙어요.

③ 클립이 휘어져요.   ④ 아무런 변화가 없어요.

02 전류가 흐르는 전선 주위에 자석의 성질이 나타나는 것을 이용해 만든 자석을 무엇이라고 하는지 쓰세요.

┌─────────────┐
│   │
└─────────────┘

03 전자석에 대한 설명이 맞으면 ○, 틀리면 ✕ 하세요.

⑴ 전류를 끊으면 자석의 성질을 잃어버려요.   (   )

⑵ 자석의 세기를 조절할 수 있어요.   (   )

⑶ 전류의 방향을 바꾸어도 N극와 S극의 방향은 바뀌지 않아요.   (   )

04 우리 생활에서 전자석을 이용한 예를 모두 찾아 ○로 묶으세요.

선풍기   거울   세탁기   고철 처리장의 기중기

자기 부상 열차   우산   안경

반사 빛이나 소리 등이 다른 물체의 표면에 부딪쳐서 나아가던 방향이 반대로 바뀌는 현상.

성대 목구멍 한가운데에 있는, 내쉬는 숨에 의해 떨려서 소리를 내는 주름 모양의 기관.

소음 불쾌하고 시끄러운 소리.

방음 안의 소리가 밖으로 새어 나가거나 밖의 소리가 안으로 들어오지 못하도록 막음.

수중 물의 속.

진동 흔들려 움직임.

01 뜻에 알맞은 낱말이 되도록 보기 에서 글자를 모두 찾아 빈칸에 쓰세요.

| 보기 | 반 | 성 | 사 | 방 | 대 | 음 |

(1) 빛이나 소리 등이 다른 물체의 표면에 부딪쳐서 나아가던 방향이 반대로 바뀌는 현상.

(2) 목구멍 한가운데에 있는, 내쉬는 숨에 의해 떨려서 소리를 내는 주름 모양의 기관.

(3) 안의 소리가 밖으로 새어 나가거나 밖의 소리가 안으로 들어오지 못하도록 막음.

02 낱말의 뜻을 바르게 말한 친구를 모두 찾아 ○ 하세요.

흔들려 움직이는 것을 진동이라고 해.

롱이

수중은 하늘과 땅 사이의 빈 공간을 말해.

핫또야

소음은 불쾌하고 시끄러운 소리야.

또띠

03 　안에서 알맞은 낱말을 골라 ○ 하세요.

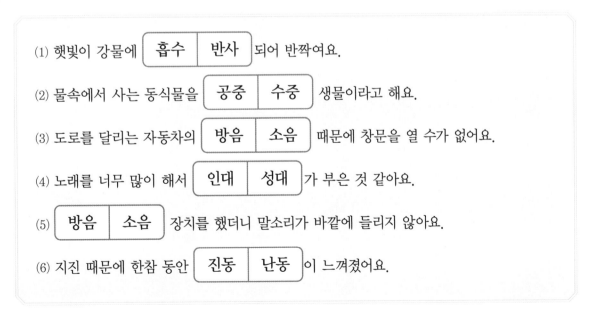

(1) 햇빛이 강물에 | 흡수 　 반사 | 되어 반짝여요.

(2) 물속에서 사는 동식물을 | 공중 　 수중 | 생물이라고 해요.

(3) 도로를 달리는 자동차의 | 방음 　 소음 | 때문에 창문을 열 수가 없어요.

(4) 노래를 너무 많이 해서 | 인대 　 성대 | 가 부은 것 같아요.

(5) | 방음 　 소음 | 장치를 했더니 말소리가 바깥에 들리지 않아요.

(6) 지진 때문에 한참 동안 | 진동 　 난동 | 이 느껴졌어요.

물체가 진동하면 소리가 난다고?

목에 손을 대고 "아!" 하고 소리를 내어 보세요. 목에서 진동이 느껴지지요? 이처럼 소리가 날 때에는 물체가 진동해요. 목소리가 나는 것도 목에 있는 성대가 진동하기 때문이고, 북소리가 나는 것도 북이 진동하기 때문이에요.

소리는 물체가 진동하는 크기에 따라 세기가 달라져요. 큰 소리는 성대가 진동하는 크기가 크고, 작은 소리는 성대가 진동하는 크기가 작아요. 소리는 물체가 진동하는 횟수에 따라 높낮이도 달라지는데, 물체가 빠르게 진동할수록 높은 소리가 나요. 보통 여자가 남자보다 성대가 진동하는 횟수가 많아서 목소리가 높지요.

그러면 우리는 소리를 어떻게 들을 수 있을까요? 소리는 대부분 기체인 공기를 통해 전달되어요. 스피커에서 나는 음악 소리가 공기를 통해 우리 귓속까지 전달되는 것이지요. 우주 공간에서는 소리를 들을 수 없는데, 이것은 우주 공간에 공기가 없어서예요.

소리는 고체나 액체를 통해서도 전달되어요. 철봉에 귀를 대고 철봉을 두드리면 고체인 철봉이 소리를 전달하므로 소리가 잘 들려요. 수중 발레 선수가 물속에서 음악 소리에 맞춰 동작을 하는 것도 액체인 물이 소리를 전달하기 때문이에요.

소리는 사방으로 퍼져 나가다가 물체에 부딪치면 반사되는 성질이 있어요. 산에서 메아리가 들리거나 동굴에서 소리가 울리는 것은 소리가 반사되는 것이지요. 이러한 소리의 반사를 이용해 우리 주변에서 나는 소음을 줄이기도 해요. 도로 옆에 방음 시설을 설치해 자동차가 달리면서 나는 소리를 반사해서 소음을 줄이는 것이 그 예랍니다.

▲ 음악에 맞춰 동작하는 수중 발레 선수들

소리는 고체, 액체, 기체의 순서로 빨리 전달된대!

01 소리에 대한 설명으로 맞는 것을 모두 고르세요. (　　　.　　　　)

① 소리가 날 때에는 물체가 진동해요.

② 소리는 기체를 통해서만 전달되어요.

③ 우주 공간에서도 소리를 들을 수 있어요.

④ 소리는 사방으로 퍼져 나가다가 물체에 부딪치면 반사되어요.

02 소리의 세기와 높낮이에 대한 글을 읽고, 알맞은 말에 ○ 하세요.

소리의 세기는 물체가 진동하는 (크기 | 횟수)에 따라 달라지고, 소리의 높낮이는 물체가 진동하는 (크기 | 횟수)에 따라 달라져요.

03 무엇을 통해 소리가 전달된 것인지 찾아 선으로 이으세요.

(1) 스피커에서 나는 음악 소리를 들어요.　　　　　　　　　　• ㉠ 고체

(2) 수중 발레 선수가 물속에서 음악 소리에 맞춰 동작을 해요.　　　• ㉡ 액체

(3) 철봉을 귀에 대고 두드리면 소리가 나요.　　　　　　　　　　• ㉢ 기체

04 도로 옆에 방음 시설을 설치해 소음을 줄이는 것은 소리의 어떤 성질을 이용한 것인지 쓰세요.

소리의 [　　　　　　　　]

경계 서로 다른 두 지역이나 사물이 구분되는 지점.

광원 태양, 전구, 촛불처럼 스스로 빛을 내는 물체.

도달 목적한 곳이나 일정한 수준에 다다름.

비스듬히 수평이나 수직이 되지 않고 한쪽으로 조금 기울어진 듯하게.

직진 앞으로 곧게 나아감.

통과 어떤 곳이나 때를 거쳐서 지나감.

01 ( ) 안에서 알맞은 낱말을 골라 ○ 하세요.

⑴ (**영역** | **경계**): 서로 다른 두 지역이나 사물이 구분되는 지점.

⑵ (**도달** | **출발**): 목적한 곳이나 일정한 수준에 다다름.

⑶ 광원: 태양, 전구, 촛불처럼 스스로 (**빛** | **소리**)을/를 내는 물체.

⑷ (**비스듬히** | **반듯이**): 수평이나 수직이 되지 않고 한쪽으로 조금 기울어진 듯하게.

⑸ (**지체** | **통과**): 어떤 곳이나 때를 거쳐서 지나감.

⑹ 직진: 앞으로 (**곧게** | **휘어서**) 나아감.

02 밑줄 친 낱말이 바르게 쓰인 것을 모두 찾아 ✓ 하세요.

⑴ 태풍이 오늘 밤 우리나라를 **통과**한다는 예보가 있어요. ☐

⑵ 밤이 되자, 빛을 좋아하는 나방들이 **광원**으로 날아들었어요. ☐

⑶ **직진** 신호로 바뀌자 자동차들이 한꺼번에 멈추었어요. ☐

03 빈 곳에 알맞은 낱말을 보기 에서 찾아 쓰세요.

보기	도달	비스듬히	경계

⑴ 우산을 벽에 _____ 세워 두었어요.

⑵ 우리 아파트와 뒷산 사이에는 _____가 없어요.

⑶ 1시간 동안 쉬지 않고 걸어서 목적지에 _____했어요.

직진하고 반사하고 굴절하는 빛

깜깜한 밤, 불 꺼진 방 안의 모습이 전혀 보이지 않아요. 더듬더듬 스위치를 찾아 전등을 켰더니 그제야 꼬리를 흔들고 있는 강아지가 보여요. 우리가 무언가를 보려면 태양이나 전등 같은 광원에서 나오는 빛이 반드시 있어야 해요. 광원에서 나온 빛이 물체에 반사되어 우리 눈으로 들어와야 물체가 보이지요.

빛은 사방으로 곧게 나아가는데, 이것을 '빛의 직진'이라고 해요. 빛은 직진하다가 투명한 물체를 만나면 통과하지만, 불투명한 물체를 만나면 더 이상 나아가지 못해요. 그러면 직진하는 빛이 물체 뒤쪽에는 도달하지 못하게 되어 물체와 비슷한 모양의 그림자가 생기지요.

빛이 나아가다가 물체에 부딪치면 물체 표면에서 방향이 바뀌는데, 이것을 '빛의 반사'라고 해요. 거울이 빛의 반사를 이용한 대표적인 물건이지요. 광원에서 나온 빛이 물체에 반사되었다가 다시 거울에 반사되어 우리 눈으로 들어오면 거울에 비친 물체를 볼 수 있어요.

그러면 공기 중에서 비스듬히 나아가던 빛이 물을 만나면 어떻게 될까요? 빛은 공기와 물의 경계에서 꺾여요. 이렇게 빛이 서로 다른 물질의 경계에서 꺾여 나아가는 것을 '빛의 굴절'이라고 해요. 빛이 물속에서 공기 중으로 나아갈 때도, 공기 중의 빛이 유리를 통과할 때도 굴절이 일어나요. 빛의 굴절은 물질마다 빛이 나아가는 빠르기가 다르기 때문에 일어난답니다.

빛과 물체 사이가 가까우면 그림자가 크고,

빛과 물체 사이가 멀면 그림자가 작구나!

01 빛에 대한 설명이 맞으면 ○, 틀리면 ✕ 하세요.

(1) 우리가 무언가를 보려면 광원에서 나오는 빛이 있어야 해요.   (   )

(2) 광원의 빛이 물체에 반사되어 눈으로 들어오면 물체를 볼 수 있어요.   (   )

(3) 물질마다 빛이 나아가는 빠르기는 모두 같아요.   (   )

02 빛에 대한 글을 읽고, 알맞은 말에 ○ 하세요.

빛이 사방으로 곧게 나아가는 것을 빛의 (직진 | 굴절)이라고 해요. 빛은 나아가다가
(투명한 | 불투명한) 물체를 만나면 통과하지만, (투명한 | 불투명한) 물체를
만나면 더 이상 나아가지 못해 물체 뒤쪽에 그림자가 생겨요.

03 빛의 반사에 대한 설명으로 맞는 것을 **보기**에서 모두 찾아 기호를 쓰세요.

보기

㉠ 빛이 나아가다가 물체에 부딪치면 물체 표면에서 사라지면서 빛의 반사가 일어나요.

㉡ 거울은 빛의 반사를 이용한 대표적인 물건이에요.

㉢ 광원에서 나온 빛이 물체에 반사되었다가 다시 거울에 반사되어 눈으로 들어오면
거울로 물체를 볼 수 있어요.

(,   )

04 친구의 설명을 읽고, 빛의 어떤 성질 때문에 일어나는 일인지 쓰세요.

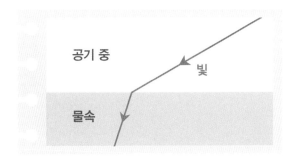

공기 중에서
비스듬히 나아가던 빛이
물을 만나면 공기와 물의
경계에서 꺾여.

빛의 [   ]

친구들이 설명하는 낱말이 무엇인지 사다리를 타고 내려가서 만나는 빈칸에 쓰세요.

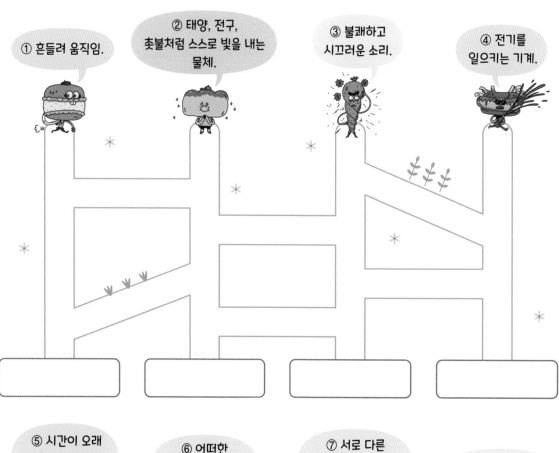

① 흔들려 움직임.

② 태양, 전구, 촛불처럼 스스로 빛을 내는 물체.

③ 불쾌하고 시끄러운 소리.

④ 전기를 일으키는 기계.

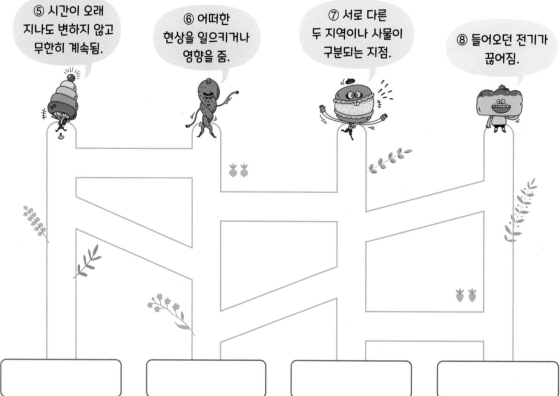

⑤ 시간이 오래 지나도 변하지 않고 무한히 계속됨.

⑥ 어떠한 현상을 일으키거나 영향을 줌.

⑦ 서로 다른 두 지역이나 사물이 구분되는 지점.

⑧ 들어오던 전기가 끊어짐.

글의 내용이 맞으면 ○, 틀리면 ✕를 따라가 ①~⑥번 중 열 수 있는 문의 번호를 빈칸에 쓰세요.

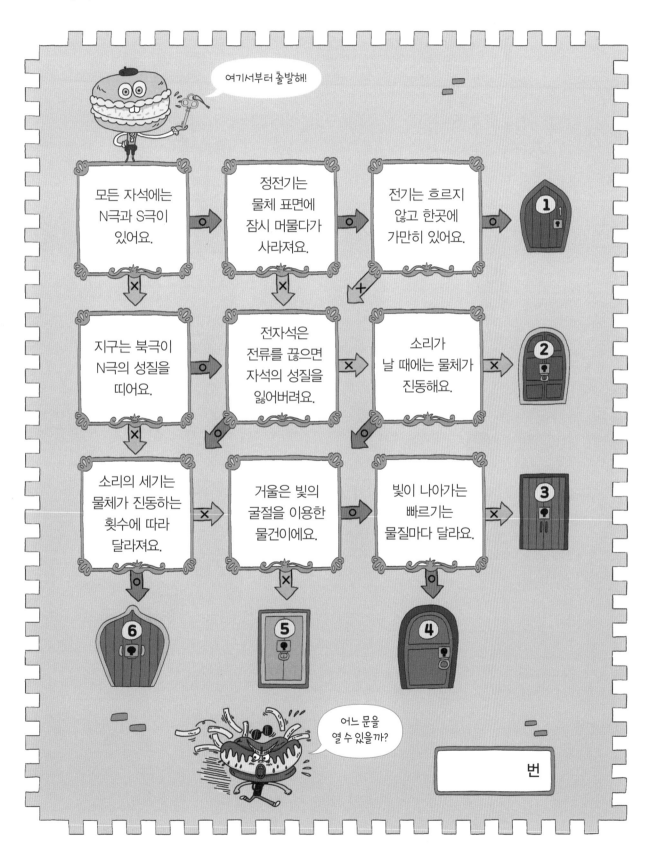

4_주 운동과 에너지 2

1일

어휘 | 미지근하다, 변화, 설치, 속도, 이동, 접촉
독해 | 움직이는 열

2일

어휘 | 수평, 용수철, 원리, 정육점, 짐작, 측정
독해 | 무거울까, 가벼울까?

3일

어휘 | 거리, 겨루다, 단위, 속력, 운동, 위치
독해 | 얼마나 빨리 운동했을까?

5일

어휘 | 등급, 상황, 손실, 자원, 전환, 효율
독해 | 무한 변신 에너지

4일

어휘 | 기운, 레일, 에너지, 작동, 저장
독해 | 에너지가 세상을 움직여

6일

복습
교과서 속 책 읽기

어휘

미지근하다 차갑지도 뜨겁지도 않은 더운 기운이 약간 있는 듯하다.

변화 무엇의 모양이나 상태, 성질 등이 달라짐.

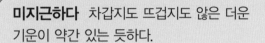

설치 어떤 일을 하는 데 필요한 기계 장치나 물건 등을 만들거나 제자리에 맞게 놓음.

속도 물체가 움직이거나 일이 진행되는 빠르기.

이동 움직여서 옮김. 또는 움직여서 자리를 바꿈.

접촉 두 물체가 서로 맞닿음.

01 뜻에 알맞은 낱말을 찾아 선으로 이으세요.

(1) 무엇의 모양이나 상태, 성질 등이 달라짐.　·

(2) 두 물체가 서로 맞닿음.　·

(3) 어떤 일을 하는 데 필요한 기계 장치나
물건 등을 만들거나 제자리에 맞게 놓음.　·

· ㉠ 변화

· ㉡ 설치

· ㉢ 접촉

02 낱말에 대한 설명이 맞으면 ○, 틀리면 ✕ 하세요.

(1) '이동'은 상황이나 사정이 바뀌어 달라지는 것을 말해요. (　　)

(2) '미지근하다'는 차갑지도 뜨겁지도 않은 더운 기운이 약간 있는
듯한 것을 말해요. (　　)

(3) '속도'는 물체가 움직이거나 일이 진행되는 빠르기를 말해요. (　　)

03 ⬚⬚ 안에서 알맞은 낱말을 골라 ○ 하세요.

(1) 우리 학교에는 승강기가 | 설치 | 배치 | 되어 있어요.

(2) 농구 경기를 하려고 체육관으로 | 변동 | 이동 | 을 했어요.

(3) 우리 오빠는 음식을 먹는 | 속도 | 거리 | 가 아주 빨라요.

(4) 전염병 때문에 서로 | 접속 | 접촉 | 하지 않으려고 조심해요.

(5) 이번 가을에는 날씨의 | 변화 | 개화 | 가 아주 심해요.

(6) 국이 식어서 | 미지근해요 | 뜨거워요 | .

움직이는 열

세상에는 끓는 물처럼 뜨거운 물질도 있고, 얼음처럼 차가운 물질도 있어요. 이렇게 온도가 다른 두 물질이 접촉하면 뜨거운 물질은 온도가 낮아지고 차가운 물질은 온도가 높아져요. 뜨거운 물이 담긴 컵을 차가운 물에 담그면 뜨거운 물은 미지근해지고 차가운 물은 따뜻해지는 것처럼 말이에요.

접촉한 두 물질의 온도가 변하는 것은 열이 이동하기 때문이에요. 접촉한 두 물질 사이에서 열은 온도가 높은 물질에서 낮은 물질로 이동하면서 물질의 온도를 변화시켜요. 그러다가 두 물질의 온도가 같아지면 열은 더 이상 이동하지 않지요.

고체 물질은 한 부분의 온도가 높아지면 그 주변 부분의 온도도 서서히 높아져요. 뜨거운 차에 숟가락을 담그면 숟가락의 손잡이 부분까지 점점 뜨거워지지요. 이렇게 고체에서 열이 고체 물질을 따라 온도가 높은 쪽에서 낮은 쪽으로 이동하는 것을 '전도'라고 해요. 고체는 물질에 따라 열이 이동하는 속도가 다른데, 금속이 나무나 천, 플라스틱보다 빠르게 이동해요. 그래서 보통 냄비 몸체는 금속으로 만들고, 손잡이는 열이 잘 이동하지 않는 나무나 플라스틱으로 만드는 거예요.

주전자에 물을 넣고 가열하면 주전자 바닥의 뜨거워진 물은 위로 올라가고, 위쪽의 물은 아래로 내려오는 걸 반복하면서 물이 뜨거워져요. 또 방 안에 난로를 켜면 난로 주변의 따뜻해진 공기는 위로 올라가고, 위쪽의 공기는 아래로 내려오면서 방이 따뜻해지지요. 이렇게 액체나 기체에서 온도가 높아진 물질이 위로 올라가고, 위쪽에 있던 물질이 아래로 밀려 내려오는 것을 '대류'라고 해요. 여름에 에어컨을 높은 곳에 설치하고 겨울에 난로를 낮은 곳에 설치하는 것은 이 때문이에요.

에어컨의 차가운 공기가 아래로 내려오고 아래의 더운 공기가 위로 올라가는 걸 반복하면서 방이 시원해져.

01　물질의 온도 변화에 대한 글을 읽고, 알맞은 말에 ○ 하세요.

> 온도가 다른 두 물질이 접촉하면 (뜨거운 | 차가운) 물질은 온도가 낮아지고,
> (뜨거운 | 차가운) 물질은 온도가 높아져요. 이렇게 접촉한 두 물질의 온도가
> 변하는 것은 열이 (진동 | 이동)하기 때문이에요.

02　열의 이동 방법을 찾아 선으로 이으세요.

(1)　액체나 기체에서 온도가 높아진 물질이 위로
올라가고, 위쪽에 있던 물질이 아래로 밀려 내려와요.　　　•　　　•　㉠　전도

(2)　고체에서 열이 고체 물질을 따라 온도가 높은 쪽에서
낮은 쪽으로 이동해요.　　　•　　　•　㉡　대류

03　열의 이동에 대한 설명으로 맞는 것을 모두 고르세요. (　　　,　　　)

① 접촉한 두 물질 사이에서 열은 온도가 낮은 물질에서 높은 물질로 이동해요.

② 접촉한 두 물질의 온도가 같아지면 열은 더 이상 이동하지 않아요.

③ 고체 물질은 한 부분의 온도가 높아지면 그 주변 부분의 온도도 높아져요.

④ 고체는 물질의 종류에 상관없이 열이 이동하는 속도가 같아요.

04　친구의 설명을 읽고, 물이 끓을 때의 열의 이동 방법을 쓰세요.

주전자 바닥의 뜨거워진 물은
위로 올라가고, 위쪽의 물은
아래로 내려오는 걸 반복하면서
물이 뜨거워져.

어휘

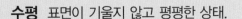

수평 표면이 기울지 않고 평평한 상태.

수평을 맞춰 액자를 걸었는데, 어때?

맨 오른쪽 액자만 빼고 나머지는 삐뚠 것 같은데?

갸우뚱

용수철 나사 모양으로 빙빙 돌려 감아 잘 늘어나고 줄어들게 만든 물건.

용수철을 신발에 달고 뭐 하니?

높이 뛰려고요!

팅!

팅!

원리 사물의 본질이나 바탕이 되는 이치.

흙탕물을 깨끗한 물로 만드는 원리를 알아볼까?

자갈과 모래, 숯, 솜 등을 차례대로 넣고 사이사이에 거즈를 깔면 돼.

정육점 쇠고기, 돼지고기 등의 고기를 파는 가게.

정육점

넌 날마다 고기 먹는다면서? 부럽다!

우리 아빠가 정육점 주인이라서 그래.

짐작 사정이나 형편 등을 다른 것에 비추어 대강 생각함.

화분이 왜 이렇게 엉망이 된 거야?

헤헤!

멍!

누가 그랬는지 짐작이 가네.

측정 일정한 양을 기준으로 하여 같은 종류의 다른 양의 크기를 잼.

응, 지난번에 측정했을 때보다 많이 컸는데? 이상하네.

이제 내가 너보다 키가 더 크지?

흑, 난 살쪘어!

88

01 (   ) 안에서 알맞은 낱말을 골라 ○ 하세요.

(1) (측정 | 예상): 일정한 양을 기준으로 하여 같은 종류의 다른 양의 크기를 잼.

(2) (용수철 | 고무줄): 나사 모양으로 빙빙 돌려 감아 잘 늘어나고 줄어들게 만든 물건.

(3) 짐작: 사정이나 형편 등을 다른 것에 비추어 (꼼꼼히 | 대강) 생각함.

(4) 수평: 표면이 기울지 않고 (평평한 | 수직인) 상태.

(5) (만물점 | 정육점): 쇠고기, 돼지고기 등의 고기를 파는 가게.

(6) 원리: (사물 | 사람)의 본질이나 바탕이 되는 이치.

02 (   ) 안에 알맞은 낱말을 보기 에서 찾아 기호를 쓰세요.

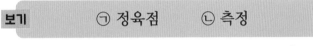

보기   ㉠ 정육점   ㉡ 측정

(1) 국에 넣을 고기를 사러
(   )에 갈 거야.

(2) 저울로 무게를
(   )해서
필요한 만큼만 사 와.

03 빈 곳에 알맞은 낱말을 보기 에서 찾아 쓰세요.

보기   원리   짐작   수평   용수철

(1) 상황을 보니 앞으로 벌어질 일이 _____이 되어요.

(2) 이 장난감은 _____을 이용해 만들어서 잘 튀어 올라요.

(3) 시곗바늘이 움직이는 _____를 알아냈어요.

(4) _____을 맞추어 벽에 거울을 걸었어요.

무거울까, 가벼울까?

솜사탕과 의자를 손으로 들어 볼까요? 솜사탕은 한 손으로도 쉽게 들 수 있지만, 의자는 두 손으로 힘껏 들어 올려야 해요. 물체의 무게가 서로 다르기 때문이에요.

물체의 무게는 지구가 물체를 끌어당기는 힘의 크기예요. 물체가 무거울수록 지구는 더 큰 힘으로 물체를 끌어당기지요. 그래서 우리가 가벼운 물체는 들기 쉽고, 무거운 물체는 들기 힘든 거예요.

크기가 비슷한 사과와 배는 어떤 것이 더 무거울까요? 손으로 각각 들어 보면 어느 것이 더 무거운지 짐작은 할 수 있지만, 정확한 무게는 알 수 없어요. 그래서 물체의 무게를 측정할 때는 저울을 사용해요. 몸무게를 측정할 때는 체중계를, 요리 재료의 무게를 측정할 때는 가정용 저울을 사용하는데, 이 저울들은 용수철이 무게에 따라 늘어나고 줄어드는 성질을 이용한 것이에요. 또 정육점에서 고기의 무게를 측정할 때는 화면에 숫자로 물체의 무게가 표시되는 전자저울을 주로 사용해요.

양팔저울은 양쪽의 무게가 같으면 수평이 되는 원리를 이용해 무게를 측정해요. 양쪽 저울접시에 각각 물체를 올려놓으면 무거운 쪽으로 기울지요. 양팔저울로 여러 가지 물체의 무게를 비교하려면 한쪽 저울접시에는 물체를 올려놓고, 다른 한쪽 접시에는 100원짜리 동전처럼 무게가 일정한 물체를 올려 양팔저울을 수평으로 만들어요. 그리고 동전의 개수를 세어요. 이런 방법으로 여러 가지 물체의 무게를 측정한 다음, 동전의 개수로 여러 가지 물체의 무게를 비교할 수 있답니다.

01 글을 읽고, 빈 곳에 알맞은 말을 쓰세요.

> 물체의 _____는 지구가 물체를 끌어당기는 힘의 크기예요.

02 무게에 대해 바르게 말한 친구를 모두 찾아 ○ 하세요.

지구는 물체가 무거울수록 더 큰 힘으로 끌어당겨.

롱이

물체를 손으로 들어 보면 정확한 무게를 알 수 있어.

또띠

물체의 무게를 측정할 때는 저울을 사용해.

핫또야

03 각 저울의 이름을 보기 에서 찾아 기호를 쓰세요.

| 보기 | ㉠ 체중계 | ㉡ 가정용 저울 | ㉢ 전자저울 |

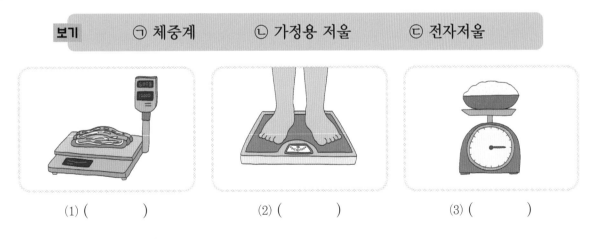

(1) (   )   (2) (   )   (3) (   )

04 양팔저울에 대한 설명이 맞으면 ○, 틀리면 ✕ 하세요.

> (1) 양쪽의 무게가 같으면 수평이 되는 원리를 이용해 무게를 측정해요.   (   )
>
> (2) 양쪽 저울접시에 각각 물체를 올려놓으면 가벼운 쪽으로 기울어요.   (   )
>
> (3) 양팔저울로는 여러 가지 물체의 무게를 비교할 수 없어요.   (   )

거리 두 개의 물건이나 장소 등이 서로 떨어져 있는 길이.

겨루다 누가 더 힘이 센지, 누가 더 뛰어난지 드러나도록 싸우다.

단위 길이, 양, 무게 등을 수로 나타낼 때 기초가 되는 기준.

속력 물체가 움직이거나 일이 진행되는 빠르기의 크기.

운동 물체가 시간의 흐름에 따라 하는 어떤 활동이나 움직임.

위치 일정한 곳에 자리를 차지함. 또는 그 자리.

4주
3일

01 뜻에 알맞은 낱말을 **보기**에서 찾아 빈칸에 쓰세요.

| 보기 | 거리 | 운동 | 속력 | 겨루다 | 단위 | 위치 |

(1) 누가 더 힘이 센지, 누가 더 뛰어난지 드러나도록 싸우다. ············ ☐

(2) 길이, 양, 무게 등을 수로 나타낼 때 기초가 되는 기준. ············ ☐

(3) 일정한 곳에 자리를 차지함. 또는 그 자리. ············ ☐

(4) 물체가 움직이거나 일이 진행되는 빠르기의 크기. ············ ☐

(5) 물체가 시간의 흐름에 따라 하는 어떤 활동이나 움직임. ············ ☐

(6) 두 개의 물건이나 장소 등이 서로 떨어져 있는 길이. ············ ☐

02 빈칸에 알맞은 글자를 모두 찾아 ○ 하세요.

(1) cm는 길이를 나타내는 ☐☐예요. ➡ 단 치 이 위

(2) 지도를 살펴보면 가게의 ☐☐를 정확히 알 수 있어요. ➡ 가 위 치 격

03 밑줄 친 낱말이 바르게 쓰인 것을 모두 찾아 ✔ 하세요.

(1) 지구는 끊임없이 태양의 주위를 돌면서 **운동**하고 있어요. ☐

(2) 저울로 여행 가방의 **거리**가 얼마나 되는지 재었어요. ☐

(3) 나와 동생은 잘잘못을 **겨루지** 않기로 했어요. ☐

(4) 버스가 시속 60km의 **속력**으로 달렸어요. ☐

얼마나 빨리 운동했을까?

버스 정류장에 서 있던 버스가 출발했어요. 버스 정류장은 움직이지 않았지만, 버스는 움직이면서 위치가 변했어요. 이렇게 버스처럼 물체가 시간이 지나면서 위치가 변할 때 물체가 운동한다고 해요. 운동하는 물체는 빠르기가 제각각이에요. 달팽이처럼 느리게 운동하는 것도 있고, 빨라졌다가 느려지기를 반복하는 놀이 기구처럼 빠르기가 변하는 물체도 있어요.

그러면 운동하는 물체의 빠르기는 어떻게 비교할까요? 예를 들어 체육 대회 때 빠르기를 겨루는 100m 달리기는 100m의 거리를 누가 가장 빨리 달리느냐로 빠르기를 비교해요. 100m를 13초 동안 달린 사람이 15초 동안 달린 사람보다 더 빠르다고 하지요. 이렇게 일정한 거리를 이동한 물체의 빠르기는 물체가 이동하는 데 걸린 시간으로 비교해요. 일정한 거리를 이동하는 데 걸린 시간이 짧은 물체가 긴 물체보다 더 빠르지요.

일정한 시간 동안 이동한 물체의 빠르기는 물체가 이동한 거리로 비교해요. 일정한 시간 동안 이동한 거리가 더 멀수록 빠르지요. 2시간 동안 200km를 달린 자동차가 150km를 달린 자동차보다 더 빨라요.

일정한 시간 동안 물체가 움직인 거리를 '속력'이라고 해요. 속력은 물체가 움직인 거리를 걸린 시간으로 나누어 구해요. 속력을 나타내는 단위에는 km/h(킬로미터 퍼 아워), m/s(미터 퍼 세컨드) 등이 있어요. 2시간 동안 200km를 움직인 자동차의 속력은 200km(움직인 거리)÷2h(걸린 시간)=100km/h예요. 100km/h는 '백 킬로미터 퍼 아워' 또는 '시속 백 킬로미터'라고 읽으며, 자동차가 1시간에 100km를 이동할 수 있는 빠르기로 달렸다는 뜻이에요.

01 글을 읽고, 알맞은 말에 ○ 하세요.

물체가 시간이 지나면서 위치가 변할 때 물체가 (위치 | 운동)한다고 해요.

02 운동하는 물체의 빠르기에 대해 <u>틀리게</u> 말한 친구를 모두 찾아 ○ 하세요.

 롱이

 또띠

 꽈리

 소라

일정한 거리를 이동한 물체의 빠르기는 물체가 이동하는 데 걸린 시간으로 비교해.	일정한 시간 동안 이동한 물체의 빠르기는 물체가 이동한 거리로 비교해.	일정한 거리를 이동하는 데 걸린 시간이 긴 물체가 짧은 물체보다 더 빠른 거야.	일정한 시간 동안 이동한 거리가 더 가까울수록 빠른 거야.

03 일정한 시간 동안 물체가 움직인 거리를 무엇이라고 하는지 쓰세요.

04 속력에 대한 설명으로 <u>틀린</u> 것을 고르세요. (   )

① 속력은 물체가 움직인 거리를 걸린 시간으로 나누어 구해요.

② 속력을 나타내는 단위에는 km/h, m/s 등이 있어요.

③ 100km/h는 1분에 100km를 이동할 수 있는 빠르기로 달렸다는 뜻이에요.

④ 100km/h는 '시속 백 킬로미터'라고 읽어요.

기운 눈에 보이지는 않지만 느껴지는 힘이나 분위기.

레일 기차나 전차 등이 다니는 쇠로 만든 길.

에너지 어떠한 것이 가지고 있는, 일을 할 수 있는 힘이나 능력.

작동 기계 등이 움직여 일함. 또는 기계 등을 움직여 일하게 함.

저장 물건이나 돈 등을 모아서 보관함.

01 낱말의 뜻을 바르게 말한 친구를 모두 찾아 ○ 하세요.

눈에 보이지는 않지만 느껴지는 힘이나 분위기를 기운이라고 해.

빵이

레일은 사람이나 차 등이 다닐 수 있도록 만든 길을 말한다고.

꽈리

작동은 기계 등이 움직여 일하는 것을 뜻하는구나.

소라

저장은 물건이나 돈 등을 모아서 버리는 것을 말해.

핫또야

어떠한 것이 가지고 있는, 일을 할 수 있는 힘이나 능력을 에너지라고 해.

롱이

02 빈칸에 알맞은 낱말을 찾아 선으로 이으세요.

⑴ 컴퓨터가 고장이 나 [   ]이 되지 않아요.   ●

● ㉠ 작동

⑵ 봄이 되니 따뜻한 [   ]이 느껴져요.   ●

● ㉡ 기운

03 빈칸에 알맞은 낱말이 되도록 **보기** 에서 글자를 모두 찾아 쓰세요.

보기   저   레   에   장   일   너   지

⑴ 이 음식은 [   ][   ] 기간이 길지 않아 빨리 먹어야 해요.

⑵ 우리 모두 [   ][   ][   ]를 아껴 써야 해요.

⑶ 장난감 열차가 [   ][   ] 위를 빙글빙글 돌아요.

에너지가 세상을 움직여

우리 주변에는 다양한 에너지가 존재해요. 그래서 여러 생명체가 살아가고, 자동차나 컴퓨터 같은 기계들이 움직일 수 있지요. 에너지의 형태에는 화학 에너지, 열에너지, 빛에너지, 위치 에너지, 운동 에너지, 전기 에너지 등이 있어요. 대부분 눈에 보이지 않고 냄새도 없어요.

화학 에너지는 살아 있는 생명체의 활동에 필요한 에너지예요. 사람이나 동물은 먹을 것을 통해 화학 에너지를 얻고 이 화학 에너지를 몸속에 저장했다가 필요할 때 사용해요. 식물은 태양에서 얻은 에너지로 양분을 만들어 화학 에너지를 얻지요. 화학 에너지는 자동차의 연료가 되는 석유에도 들어 있어요. 오래전 바닷속 생물이 죽어 땅속에 묻혀 석유가 될 때, 죽은 생물의 화학 에너지가 석유에 저장되는 것이지요.

열에너지는 물체의 온도를 높이는 에너지로, 가스레인지나 전기다리미가 작동할 때 나와요. 열에너지가 생기면 따뜻한 기운을 느낄 수 있지요. 열에너지를 얻으려고 불을 켜면 빛이 나기도 하는데, 이것은 빛을 내어 주위를 밝게 비추는 빛에너지예요. 주로 태양, 전등 등에서 생기지요.

위치 에너지는 높은 곳에 있는 물체가 가진 에너지로, 높은 곳에 있는 공이나 놀이공원의 레일 꼭대기에 있는 롤러코스터 등이 가지고 있어요. 높은 곳에 있을수록 위치 에너지가 크지요. 운동 에너지는 움직이는 물체가 가지는 에너지이며, 전기 에너지는 텔레비전 같은 전기 기구를 작동하게 하는 에너지예요. 이처럼 다양한 에너지가 이 세상을 움직이고 있답니다.

▲ 사냥하는 치타

치타는 먹이를 잡기 위해 몸속에 있던 화학 에너지를 이용해 달리는 거야.

01 글을 읽고, 빈 곳에 알맞은 말을 쓰세요.

> 여러 생명체가 살아가고, 자동차나 컴퓨터 같은 기계들이 움직일 수 있는 것은
>
> 우리 주변에 다양한 _____가 있기 때문이에요.

02 화학 에너지에 대한 설명으로 틀린 것을 고르세요. (　　　　)

① 살아 있는 생명체의 활동에 필요한 에너지예요.

② 사람은 먹을 것을 통해 화학 에너지를 얻어요.

③ 동물은 태양에서 얻은 에너지로 양분을 만들어 화학 에너지를 얻어요.

④ 석유에도 화학 에너지가 들어 있어요.

03 설명에 알맞은 에너지의 형태를 찾아 선으로 이으세요.

(1)　빛을 내어 주위를 밝게 비추는 에너지예요.　●　　　　　●　㉠　운동 에너지

(2)　움직이는 물체가 가지는 에너지예요.　●　　　　　●　㉡　빛에너지

(3)　전기 기구를 작동하게 하는 에너지예요.　●　　　　　●　㉢　전기 에너지

04 물체가 열에너지와 관련 있으면 '열', 위치 에너지와 관련 있으면 '위'라고 쓰세요.

> (1) 주름진 옷을 펴는 전기다리미　　　　　　　　□
>
> (2) 놀이공원의 레일 꼭대기에 있는 롤러코스터　　□
>
> (3) 음식을 끓이는 가스레인지　　　　　　　　　□
>
> (4) 높은 곳에 있는 공　　　　　　　　　　　　□

등급 높고 낮음이나 좋고 나쁨의 정도를 여러 층으로 나누어 놓은 단계.

상황 일이 진행되어 가는 형편이나 모양.

손실 줄거나 잃어버려서 손해를 봄.

자원 사람이 생활하거나 경제적인 생산을 하는 데 이용되는 원료.

전환 다른 방향이나 상태로 바뀌거나 바꿈.

효율 들인 노력이나 힘에 대한 결과의 비율.

01 뜻에 알맞은 낱말이 되도록 글자를 모두 찾아 ○ 하세요.

(1) 줄거나 잃어버려서 손해를 봄. ⌒ ⌒ | 율 | 손 | 실 | 효 | 과 |

(2) 높고 낮음이나 좋고 나쁨의 정도를
여러 층으로 나누어 놓은 단계. ⌒ ⌒ | 등 | 자 | 손 | 급 | 원 |

(3) 일이 진행되어 가는 형편이나 모양. ⌒ ⌒ | 원 | 상 | 환 | 황 | 전 |

(4) 다른 방향이나 상태로 바뀌거나
바꿈. ⌒ ⌒ | 전 | 살 | 환 | 손 | 해 |

(5) 들인 노력이나 힘에 대한 결과의
비율. ⌒ ⌒ | 과 | 비 | 교 | 효 | 율 |

(6) 사람이 생활하거나 경제적인 생산을
하는 데 이용되는 원료. ⌒ ⌒ | 자 | 리 | 원 | 제 | 석 |

02 ( ) 안에서 알맞은 낱말을 골라 ○ 하세요.

(1) 만일의 (상황 | 과거)에 대비해 준비를 철저히 해야 해요.

(2) 이 영화는 아이들은 볼 수 없는 (대상 | 등급)이에요.

(3) 에너지 (효율 | 비율)이 높은 가전제품을 샀어요.

03 밑줄 친 낱말이 바르게 쓰인 것을 모두 찾아 ✔ 하세요.

(1) 장사를 할 때에는 <u>손실</u>이 남아야 해요. ☐

(2) 우리나라 축구팀은 공격과 수비의 <u>전환</u>이 아주 빨라요. ☐

(3) 사우디아라비아는 석유 <u>자원</u>이 풍부한 나라예요. ☐

무한 변신 에너지

우리 생활 곳곳에는 다양한 형태의 에너지가 이용되고 있어요. 서로 다른 형태로 바뀌면서 우리에게 필요한 에너지를 제공하는데, 이렇게 에너지의 형태가 바뀌는 것을 '에너지 전환'이라고 해요. 에너지는 다른 형태의 에너지로 한 번만 전환되기도 하고, 여러 번 전환되기도 해요.

사람이나 동물이 달릴 때는 먹을 것을 통해 얻은 화학 에너지가 운동 에너지로 전환되어요. 태양 전지는 태양의 빛에너지를 전기 에너지로 전환시키지요. 여름철 선풍기의 날개가 돌아갈 때는 전기 에너지가 운동 에너지로 전환되며, 자동차가 달릴 때는 화학 에너지가 운동 에너지로 전환되어요.

놀이공원에 있는 롤러코스터는 오르락내리락하면서 에너지의 형태가 여러 번 전환되어요. 롤러코스터가 출발할 때는 전기 에너지가 운동 에너지로 전환되면서 이동하다가 높은 곳에 올라가면 위치 에너지로 전환되어요. 그리고 아래로 빠르게 내려오면서 다시 운동 에너지로 전환되지요.

이렇게 에너지가 전환되면 이 과정에서 에너지가 손실되어요. 우리가 사용할 수 있는 에너지를 얻기 위해 필요한 자원의 양은 한정되어 있으므로, 에너지 손실을 최소화하려면 에너지 효율이 높은 제품을 사용해야 해요. '에너지 효율'은 에너지가 전환되면서 손실되는 에너지의 양의 정도를 나타내요. 에너지 효율이 높으면 같은 상황에 쓰이는 에너지의 양이 적지요. 에너지 소비 효율은 1~5등급으로 표시되는데, 등급 숫자가 작을수록 에너지 효율이 더 높아 에너지를 더 많이 절약할 수 있답니다.

01 에너지의 형태가 바뀌는 것을 무엇이라고 하는지 쓰세요.

02 에너지가 어떻게 전환된 것인지 보기 에서 알맞은 말을 찾아 빈 곳에 쓰세요.

보기
전기
빛
운동
화학

(1) 자동차: 화학 에너지 ➡ _____ 에너지

(2) 선풍기: _____ 에너지 ➡ 운동 에너지

(3) 태양 전지: _____ 에너지 ➡ 전기 에너지

(4) 달리는 사람: _____ 에너지 ➡ 운동 에너지

03 에너지 전환에 대한 글을 읽고, 알맞은 말에 ○ 하세요.

> 놀이공원의 롤러코스터는 출발할 때는 (전기 | 운동) 에너지가 (전기 | 운동)
> 에너지로 전환되었다가, 높은 곳에 올라가면 (전기 | 위치) 에너지로 전환되어요.
> 그리고 아래로 빠르게 내려오면서 (운동 | 화학) 에너지로 전환되어요.

04 에너지 효율에 대해 <u>틀리게</u> 말한 친구를 찾아 ○ 하세요.

에너지 효율은 에너지가
전환되면서 손실되는 에너지의
양의 정도를 나타내.

에너지 효율이 높으면
같은 상황에 쓰이는
에너지의 양도 많아.

에너지 소비 효율은 등급
숫자가 작을수록 에너지를
더 많이 절약할 수 있어.

또띠

꽈리

핫또야

가로 풀이와 세로 풀이를 보고, 풀이에 알맞은 낱말을 빈칸에 쓰세요.

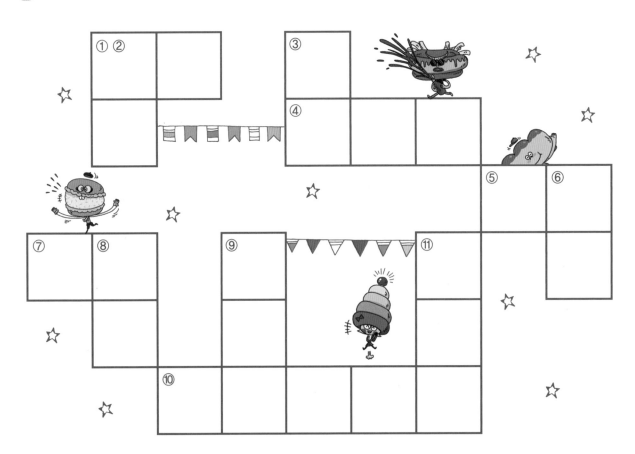

가로 풀이야!

① 물체가 움직이거나 일이 진행되는 빠르기.

④ 쇠고기, 돼지고기 등의 고기를 파는 가게.

⑤ 사람이 생활하거나 경제적인 생산을 하는 데 이용되는 원료.

⑦ 길이, 양, 무게 등을 수로 나타낼 때 기초가 되는 기준.

⑩ 차갑지도 뜨겁지도 않은 더운 기운이 약간 있는 듯하다.

세로 풀이야!

② 물체가 움직이거나 일이 진행되는 빠르기의 크기.

③ 일정한 양을 기준으로 하여 같은 종류의 다른 양의 크기를 잼.

⑥ 사물의 본질이나 바탕이 되는 이치.

⑧ 일정한 곳에 자리를 차지함.

⑨ 어떠한 것이 가지고 있는, 일을 할 수 있는 힘이나 능력.

⑪ 누가 더 힘이 센지, 누가 더 뛰어난지 드러나도록 싸우다.

길을 따라가면서 글의 내용이 맞으면 ○, 틀리면 ✕ 하세요. 그런 다음 ○를 한 곳에 있는 글자를 차례대로 빈칸에 쓰세요.

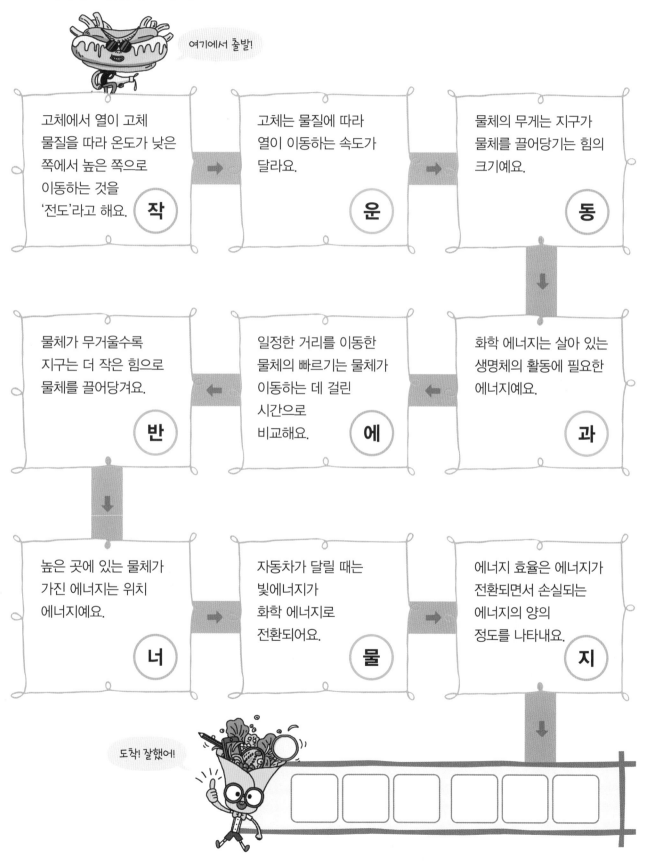

여기에서 출발!

고체에서 열이 고체 물질을 따라 온도가 낮은 쪽에서 높은 쪽으로 이동하는 것을 '전도'라고 해요.
작

고체는 물질에 따라 열이 이동하는 속도가 달라요.
운

물체의 무게는 지구가 물체를 끌어당기는 힘의 크기예요.
동

물체가 무거울수록 지구는 더 작은 힘으로 물체를 끌어당겨요.
반

일정한 거리를 이동한 물체의 빠르기는 물체가 이동하는 데 걸린 시간으로 비교해요.
에

화학 에너지는 살아 있는 생명체의 활동에 필요한 에너지예요.
과

높은 곳에 있는 물체가 가진 에너지는 위치 에너지예요.
너

자동차가 달릴 때는 빛에너지가 화학 에너지로 전환되어요.
물

에너지 효율은 에너지가 전환되면서 손실되는 에너지의 양의 정도를 나타내요.
지

도착! 잘했어!

정전기가 겨울로 간 까닭은?

겨울이 되면 정전기가 기승을 부린다. 정전기는 왜 생기는 걸까?

흐르지 않고 그냥 머물러 있는 전기라고 해서 '정전기'라고 부른다. 우리가 콘센트에 꽂아 쓰는 전기가 흐르는 물이라면, 정전기는 높은 곳에 고여 있는 물이다. 어마어마하게 높은 곳에 고여 있는 물이지만 한두 방울뿐이라 떨어질 때 별 피해가 없다고나 할까.

정전기가 생기는 이유는 '마찰' 때문이다. 물체를 이루는 원자의 주변에는 전자가 돌고 있는데, 원자핵으로부터 멀리 떨어진 전자들은 마찰을 통해 다른 물체로 쉽게 이동하기도 한다. 생활하면서 주변의 물체와 접촉하면 마찰이 일어나기 마련인데, 그때마다 우리 몸과 물체가 전자를 주고받으며 몸과 물체에 조금씩 전기가 저장된다. 한도 이상의 전기가 쌓였을 때 전기가 잘 통하는 물체에 닿으면 그동안 쌓였던 전기가 순식간에 불꽃을 튀기며 이동한다. 이것이 정전기다.

그런데 정전기로 고생하는 정도는 사람마다 달라 보인다. 우리 주변에는 정전기로 유별나게 고생하는 사람이 꼭 있다. 다른 사람이 만졌을 때는 괜찮았는데 이들이 만지면 어김없이 튀는 정전기, 정말 정전기는 사람을 차별하는 것일까?

정전기가 언제 잘 생기는지를 보면 이 질문에 대한 해답을 얻을 수 있다. 정전기는 건조할 때 잘 생긴다. 여름보다 겨울에 정전기가 기승을 부리는 이유다.

이 원리를 사람에 적용하면 땀을 많이 흘리는 사람보다는 적게 흘리는 사람에게, 지성 피부를 가진 사람보다는 건성 피부를 가진 사람에게 정전기가 많이 생긴다. 정전기는 주로 물체의 표면에 존재하기 때문에 그 사람의 '피부'가 정전기를 결정한다.

김정훈, 『맛있고 간편한 과학 도시락』, 은행나무

01 무엇에 대한 글인지 쓰세요.

> ☐

02 글의 내용으로 <u>틀린</u> 것을 고르세요. (　　　)

① 정전기는 흐르지 않고 그냥 머물러 있는 전기예요.

② 정전기가 생기는 이유는 마찰 때문이에요.

③ 정전기는 건조할 때 잘 생겨요.

④ 정전기는 겨울보다는 여름에 기승을 부려요.

03 정전기에 대한 글을 읽고, 알맞은 말에 ○ 하세요.

> 정전기는 땀을 (**많이** ｜ **적게**) 흘리는 사람에게, (**건성** ｜ **지성**) 피부를 가진
> 사람에게 많이 생겨요. 정전기는 주로 물체의 (**표면** ｜ **내부**)에 존재하기 때문에
> 그 사람의 피부가 정전기를 결정해요.

어휘 풀이

- **기승** 기운이나 힘이 세서 좀처럼 약해지지 않음.
- **원자** 물질을 이루며 그 물질의 성질을 나타내는 가장 작은 단위.
- **전자** 한 원자 속에서 음전기를 띠고 원자핵 주위를 도는 작은 알갱이.
- **원자핵** 원자의 중심부를 이루는 입자.
- **한도** 그 이상을 넘지 않도록 정해진 정도나 범위.
- **지성 피부** 기름기가 많은 피부.
- **건성 피부** 비교적 수분이 적어 건조한 피부.

1일 어휘 (11쪽)

01 (1) 질기다 (2) 있고 (3) 고유 (4) 쓰이는
(5) 광택

02 (1) ㄷ (2) ㄴ (3) ㄱ

03 (1) ㄴ (2) ㄱ

1일 독해 (13쪽)

01 물체

02 물체, 물질

03 (1) 고무 (2) 나무 (3) 플라스틱 (4) 금속
(5) 종이 (6) 유리

04 ②, ④

2일 어휘 (15쪽)

01 (1) ✕ (2) ○ (3) ○ (4) ✕ (5) ○ (6) ○

02 (1), (2), (4)

03 (1) 액체 (2) 기체

2일 독해 (17쪽)

01 고체, 액체, 기체

02 (1) ㄷ (2) ㄱ (3) ㄴ

03 (1) 변하지 않아요
(2) 변하고, 변하지 않아요 (3) 변해요

04 소라, 또띠

3일 어휘 (19쪽)

01 (1), (4), (5)

02 (1) 기, 포 (2) 가, 열

03 (1) 무게 (2) 온도 (3) 부피

3일 독해 (21쪽)

01 얼음, 물, 수증기

02 ①, ③

03 증발

04 (1) 증 (2) 응 (3) 증 (4) 응

4일 어휘 (23쪽)

01 (1) ㄴ (2) ㄷ (3) ㄱ

02 (1) ○ (2) ✕

03 (1) 튕겨 (2) 윗접시 저울 (3) 호흡
(4) 열기구 (5) 공간

4일 독해 (25쪽)

01 ②, ④

02 (1) 부피 (2) 밀어 내며, 가벼워서

03 ㄱ

04 또띠, 롱이

5일 어휘 (27쪽)

01 (1) 표, 면 (2) 부, 레 (3) 생, 명, 체

02 액체, 퍼져

03 (1) ㅁ (2) ㄱ (3) ㄷ (4) ㄴ (5) ㄹ

5일 독해 (29쪽)

01 ①, ④

02 부력

03 끌어당기는

04 (1) ○ (2) × (3) ×

6일 복습 (30~31쪽)

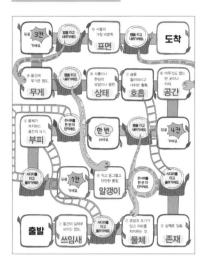

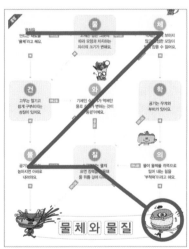

1일 어휘 (35쪽)

01 (1) 차, 이 (2) 체 (3) 눈 (4) 흡, 착, 포
(5) 분, 리 (6) 유, 출

02 (2), (4)

03 (1) 유출 (2) 흡착포

1일 독해 (37쪽)

01 혼합물

02 빵이, 꽈리

03 (1) ○ (2) ○

04 가벼워서, 기름

2일 어휘 (39쪽)

01 (2), (4), (5)

02 (1) 한정 (2) 거르면

03 (1) 질소 (2) 포화 (3) 부유물

2일 독해 (41쪽)

01 용해, 용질, 용매, 용액

02 (1) ○ (2) × (3) × (4) ○

03 롱이, 핫또야

04 포화 용액

3일 어휘 (43쪽)

01 (1) ㄹ (2) ㄷ (3) ㄱ (4) ㅁ (5) ㄴ

02 (1) 단, 백, 질 (2) 대, 리, 석

03 ②

3일 독해 (45쪽)

01 (1) ㉠, ㉡, ㉣ (2) ㉢, ㉤, ㉥

02 ④

03 쓴맛, 미끈거리는

04 소라

4일 어휘 (47쪽)

01 (1) 압, 력 (2) 오, 염 (3) 장, 치

02 (1) ○ (2) ✕ (3) ✕

03 (1) 연료 (2) 오염 (3) 장치 (4) 압력
(5) 압축 (6) 드라이아이스

4일 독해 (49쪽)

01 (1) ○ (2) ✕ (3) ○

02 산소, 이산화 탄소

03 ②

04 수소

5일 어휘 (51쪽)

01 (1) 작은, 크게 (2) 끼었다 (3) 많거나
(4) 차단 (5) 압력 (6) 관찰

02 (1), (3)

03 관찰, 돋보기, 이상

5일 독해 (53쪽)

01 발화점

02 (1) ○ (2) ✕ (3) ✕

03 소화

04 (1) ㉡ (2) ㉢ (3) ㉠

6일 복습 (54~55쪽)

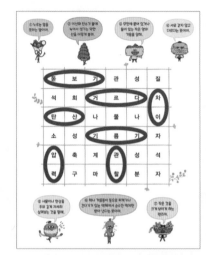

① 압력
② 탄산
③ 기름기
④ 차이
⑤ 관찰
⑥ 거르다
⑦ 돋보기

교과서 속 책 읽기 (57쪽)

01 석빙고의 과학적 구조

02 (1) ○ (2) ✕ (3) ✕ (4) ○

03 ②, ④

1일 어휘 (61쪽)

01 (1) ㄴ (2) ㅁ (3) ㄹ (4) ㄷ (5) ㄱ

02 (2)

03 (1) ㄴ (2) ㄱ (3) ㄷ

1일 독해 (63쪽)

01 철 못, 클립

02 (1) ○ (2) × (3) ×

03 ①, ③

04 북, 자석

2일 어휘 (65쪽)

01 (1) ○ (2) × (3) × (4) × (5) ○ (6) ○

02 (1) ㄷ (2) ㄴ

03 (1) 정전 (2) 발전기 (3) 정전기 (4) 호박

2일 독해 (67쪽)

01 정전기

02 ④

03 전기 회로, 정전

04 패러데이

3일 어휘 (69쪽)

01 (1) 고철 (2) 자기 부상 열차 (3) 기중기
(4) 영구

02 (1) ㄴ (2) ㄱ

03 (1) 고, 철 (2) 영, 구

3일 독해 (71쪽)

01 ②

02 전자석

03 (1) ○ (2) ○ (3) ×

04 선풍기, 자기 부상 열차, 세탁기,
고철 처리장의 기중기

4일 어휘 (73쪽)

01 (1) 반, 사 (2) 성, 대 (3) 방, 음

02 룡이, 또띠

03 (1) 반사 (2) 수중 (3) 소음 (4) 성대
(5) 방음 (6) 진동

4일 독해 (75쪽)

01 ①, ④

02 크기, 횟수

03 (1) ㄷ (2) ㄴ (3) ㄱ

04 반사

5일 어휘 (77쪽)

01 (1) 경계 (2) 도달 (3) 빛 (4) 비스듬히
(5) 통과 (6) 곧게

02 (1), (2)

03 (1) 비스듬히 (2) 경계 (3) 도달

5일 독해 (79쪽)

01 (1) ○ (2) ○ (3) ×

02 직진, 투명한, 불투명한

03 ㉡, ㉢

04 굴절

6일 복습 (80~81쪽)

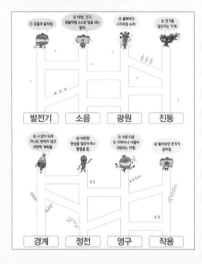

① 진동
② 광원
③ 소음
④ 발전기
⑤ 영구
⑥ 작용
⑦ 경계
⑧ 정전

발전기　소음　광원　진동

경계　정전　영구　작용

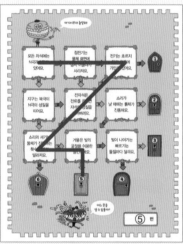

1일 어휘 (85쪽)

01 (1) ㉠　(2) ㉢　(3) ㉡

02 (1) ✕　(2) ○　(3) ○

03 (1) 설치　(2) 이동　(3) 속도　(4) 접촉　(5) 변화
(6) 미지근해요

1일 독해 (87쪽)

01 뜨거운, 차가운, 이동

02 (1) ㉡　(2) ㉠

03 ②, ③

04 대류

2일 어휘 (89쪽)

01 (1) 측정　(2) 용수철　(3) 대강　(4) 평평한
(5) 정육점　(6) 사물

02 (1) ㉠　(2) ㉡

03 (1) 짐작　(2) 용수철　(3) 원리　(4) 수평

2일 독해 (91쪽)

01 무게

02 롱이, 핫또야

03 (1) ㉢　(2) ㉠　(3) ㉡

04 (1) ○　(2) ✕　(3) ✕

3일 어휘 (93쪽)

01 (1) 겨루다　(2) 단위　(3) 위치　(4) 속력
(5) 운동　(6) 거리

02 (1) 단, 위　(2) 위, 치

03 (1), (4)

3일 독해 (95쪽)

01 운동

02 꽈리, 소라

03 속력

04 ③

4일 어휘 (97쪽)

01 빵이, 소라, 롱이

02 (1) ㉠ (2) ㉡

03 (1) 저, 장 (2) 에, 너, 지 (3) 레, 일

4일 독해 (99쪽)

01 에너지

02 ③

03 (1) ㉡ (2) ㉠ (3) ㉢

04 (1) 열 (2) 위 (3) 열 (4) 위

5일 어휘 (101쪽)

01 (1) 손, 실 (2) 등, 급 (3) 상, 황 (4) 전, 환
　　 (5) 효, 율 (6) 자, 원

02 (1) 상황 (2) 등급 (3) 효율

03 (2), (3)

5일 독해 (103쪽)

01 에너지 전환

02 (1) 운동 (2) 전기 (3) 빛 (4) 화학

03 전기, 운동, 위치, 운동

04 꽈리

6일 복습 (104~105쪽)

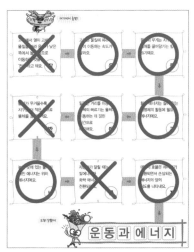

교과서 속 책 읽기 (107쪽)

01 정전기

02 ④

03 적게, 건성, 표면

메모장